Para

com votos de paz.

Divaldo Franco
Pelo Espírito Joanna de Ângelis

Triunfo Pessoal

Série Psicológica Joanna de Ângelis
Vol. 12

Salvador
9. ed. – 2024

COPYRIGHT © (2002)
CENTRO ESPÍRITA CAMINHO DA REDENÇÃO
Rua Jayme Vieira Lima, 104
Pau da Lima, Salvador, BA.
CEP 412350-000
SITE: https://mansaodocaminho.com.br
EDIÇÃO: 9. ed. (6ª reimpressão) – 2024
TIRAGEM: 1.000 exemplares (milheiro: 56.800)
COORDENAÇÃO EDITORIAL
Lívia Maria C. Sousa

REVISÃO
Plotino da Matta · Lívia Maria C. Sousa
CAPA
Cláudio Urpia
MONTAGEM DE CAPA
Ailton Bosco
EDITORAÇÃO ELETRÔNICA
Lívia Maria C. Sousa
COEDIÇÃO E PUBLICAÇÃO
Instituto Beneficente Boa Nova

PRODUÇÃO GRÁFICA
LIVRARIA ESPÍRITA ALVORADA EDITORA – LEAL
E-mail: editora.leal@cecr.com.br

DISTRIBUIÇÃO
INSTITUTO BENEFICENTE BOA NOVA
Av. Porto Ferreira, 1031, Parque Iracema. CEP 15809-020
Catanduva-SP.
Contatos: (17) 3531-4444 | (17) 99777-7413 (WhatsApp)
E-mail: boanova@boanova.net
Vendas on-line: https://www.livrarialeal.com.br

Dados Internacionais de Catalogação na Publicação (CIP)
(Catalogação na fonte)
BIBLIOTECA JOANNA DE ÂNGELIS

F825	FRANCO, Divaldo Pereira. (1927) *Triunfo pessoal.* 9. ed. / Pelo Espírito Joanna de Ângelis [psicografado por] Divaldo Pereira Franco. Salvador: LEAL, 2024. (Série Psicológica, volume 12). 188 p. ISBN: 978-85-61879-93-8 1. Espiritismo 2. Psicografia 3. Psicologia I. Franco, Divaldo II. Título CDD: 133.93

Bibliotecária responsável: Maria Suely de Castro Martins – CRB-5/509

DIREITOS RESERVADOS: todos os direitos de reprodução, cópia, comunicação ao público e exploração econômica desta obra estão reservados, única e exclusivamente, para o Centro Espírita Caminho da Redenção. Proibida a sua reprodução parcial ou total, por qualquer meio, sem expressa autorização, nos termos da Lei 9.610/98.
Impresso no Brasil | Presita en Brazilo

Sumário

Triunfo pessoal   7

1 O CÉREBRO E O ESPÍRITO   13
    Os arquétipos junguianos   16
    O inconsciente   19
    O alvorecer da consciência   22

2 O SER PENSANTE   27
    Inteligência   29
    Sentimentos   33
    Vontade   37

3 TORMENTOS PSICOLÓGICOS   41
    Irritabilidade e violência   44
    Insegurança pessoal   48
    Desajustes internos   52

4 REALIZAÇÃO INTERIOR   57
    Indivíduos introvertidos e extrovertidos   59
    Complexo de inferioridade   63
    Fugas da realidade   66

5 ENFRENTAMENTOS   73
    A conscientização dos arquétipos primordiais   75
    A luta contra as paixões primitivas   80
    O vir a ser   84

6 Transtornos profundos 91
   Depressão 93
   Transtorno obsessivo-compulsivo 98
   Esquizofrenia 104

7 Distúrbios coletivos 109
   Terrorismo 111
   Síndrome do estresse pós-traumático 114
   Vingança 117

8 Perturbações graves 121
   Perturbações somatoformes e psicofisiológicas 124
   Sociopatias 129
   Fobias 133

9 O significado existencial 137
   Ambições desmedidas 140
   Aflições da posse e da não posse 145
   Encontro com o *Self* 150

10 Reintegração na religiosidade 155
   Necessidade da fé religiosa 159
   Apoio terapêutico pela religiosidade 163
   Religião e saúde 168

11 A individuação 173
   O ser humano e o *Self* 176
   A saúde integral 179
   O numinoso 184

Triunfo Pessoal

Os notáveis avanços da Ciência e da Tecnologia não lograram ainda transformar o ser humano para melhor. Não obstante seja inegável o avanço da Civilização, da Ética e das estruturas sociais, as questões morais permanecem em plano secundário, quando deveriam ser vividas no cotidiano, induzindo as massas ao desespero e à alucinação.

Nunca houve tão grande irrupção de problemas e transtornos de comportamento como nestes admiráveis dias de telecomunicação e conquistas virtuais.

Diminuídas as distâncias e aproximadas as criaturas, o medo, não obstante, domina grande parte da sociedade, associado aos fatores da agressividade e do horror que transformam a Terra em uma selva perigosa, onde a vida humana quase perdeu o seu significado e se tornou fácil de ser arrebatada pela volumosa criminalidade que banalizou os mais nobres sentimentos da existência e o próprio indivíduo.

Ceifam-se vidas nas ruas, em guerras não declaradas, mas de altas estatísticas destrutivas, com a mesma tranquilidade com que algumas nações, ditas civilizadas, aplicam a pena capital, a fim de se verem livres daqueles que lhes pesam cruelmente na economia social e financeira. Não logrando educá-los ou reeducá-los, permitem-se o direito de matar, como se fossem geradoras de vida, em terrível desrespeito aos códigos de moralidade que preconizam para os outros.

O monstro da guerra continua dominando o planeta sob justificativas sempre infundadas, que ocultam sentimentos perversos e escusos, gerando clima de insegurança que torna a paz insustentável, adicionando ao terror urbano o de natureza internacional.

O ser humano estertora, e, amedrontado, foge para o isolamento, longe da realidade e buscando convivência virtual, porque teme a pessoal, procurando intercambiar emoções através de instrumentos extraordinários, sem dúvida, mas insensíveis às emoções, aos sentimentos de amor, de ternura, de compreensão, de perdão, de fraternidade...

Os consultórios médicos encontram-se repletos, os hospitais do mundo apresentam-se sempre superlotados, sem vagas para os contínuos contingentes de enfermos e os gabinetes de análise, de psicoterapia, as clínicas psiquiátricas não conseguem atender convenientemente a clientela volumosa. Por mais que se deseje fechar os sanatórios para os distúrbios mentais, transferindo-se para a sociedade e a família o amparo do paciente infeliz em tratamento ambulatorial, de forma que não perca a sociabilidade, avoluma-se expressivamente o número dos novos vitimados pelos distúrbios sociais, econômicos, emocionais, pelos eventos de vida, que se apresentam em cada momento mais perturbadores do que antes.

O sonho de conquistarem-se outros planetas, embora pareça próximo relativamente, choca-se com as dificuldades de conquistar-se a Terra mesma, integralmente, aproximando as criaturas que estão desavoradas e inseguras, tomadas pelo pânico e pela miséria.

Milhões de apátridas, denominados refugiados, vagueiam pelas regiões inóspitas e hostis, em promiscuidade inimaginável, vitimados pelos ódios étnicos, religiosos, políticos, bélicos, *aguardando as esmolas dos países ricos que, num momento, lançam alimentos minguados para o expressivo número de esfaimados e doentes, e, logo depois, despejam bombas de extermínio poderoso que custam verdadeiras fortunas. Fossem, esses valores, transformados em oportunidades dignificadoras, em recursos preventivos para a miséria, as doenças e as calamidades morais e não seriam necessários os artefatos destrutivos, porque a fraternidade reinaria mais abundante entre os homens e as mulheres.*

Há, também, e não se pode negar, incontáveis glórias do empenho humano, materializadas em organizações mundiais de proteção e socorro, de amparo, de direitos humanos, em favor da saúde, que lutam em benefício das minorias, que vêm libertando a mulher e a criança dos abusos milenários que têm padecido, mas as suas vozes, mesmo quando ouvidas, não são necessariamente atendidas.

(...) E o desespero toma conta das criaturas terrestres!

Incontáveis esforços têm sido desenvolvidos por missionários de todos os matizes que mergulham no corpo constantemente, a fim de modificarem a situação calamitosa que se tem vivido no planeta.

Cientistas e teólogos, pensadores e estudiosos do comportamento e da mente têm oferecido inestimável patrimônio para auxiliar o ser aturdido e sofredor, abrindo espaços para o bem e a saúde, atentos aos movimentos sociais, políticos, econômicos, humanos, de modo a oferecerem os recursos hábeis para o equilíbrio dos mais frágeis, a recuperação dos enfermos, e também para prevenirem desestruturações emocionais.

Mesmo assim, é muito grande o número daqueles que não têm acesso aos valiosíssimos recursos psicoterapêuticos e médicos da atualidade, de que desfruta apenas uma fatia da humanidade.

Prevendo estes calamitosos dias, Jesus, o Terapeuta por excelência, prometeu enviar o Consolador, que teria por tarefa arrancar as raízes do sofrimento, erradicar as causas das aflições, elucidando a respeito do ser imortal e demonstrando-lhe a realidade de forma palpável e iniludível.

Como consequência, em toda a Terra se ouve a voz da Imortalidade com mais ênfase ou menos ostensiva, confirmando a Sua oferta, no entanto, já não se pode ignorar que o ser humano seja apenas a argamassa celular que se decompõe e dilui após a anóxia cerebral e a morte física.

A vida estua em toda parte e o ser humano vive, no corpo e fora dele, cantando o júbilo da sua imortalidade.

No báratro que toma conta da sociedade em geral e dos indivíduos em particular, desenha-se a perspectiva para que seja empreendido o esforço para cada qual conseguir o triunfo pessoal sobre a inferioridade.

Pensando nesse trabalho desafiador, ao qual todos nos encontramos convidados pela Vida, apresentamos este pequeno livro, que é resultado de nossos estudos, pesquisas e observações do lado de cá, em torno do ser humano, seus conflitos, suas dores, suas possibilidades atuais e futuras de crescimento interior e de conquista da saúde integral que um dia ele conseguirá.

Apesar de nos termos centrado ao máximo na notável contribuição do Dr. Carl Gustav Jung, introduzimos o pensamento de diversos outros experientes e nobres psiquiatras, psicanalistas, biólogos, com o objetivo de demonstrar que, na raiz de todo e qualquer transtorno, aflição, enfermidade e sofrimento, encontra-se o Espírito eterno, autor e responsável pelas ocorrências que lhe dizem respeito. Dessa forma, nele mesmo se encontram os recursos que *podem ser utilizados para o seu reequilíbrio, a sua recuperação, a sua paz.*

Reconhecemos que é um trabalho modesto, simples, já que não temos a presunção nem a possibilidade de realizar aprofundamentos especializados, nessa área nobre da Ciência psicológica, e especialmente por constatarmos não ser esse o nosso campo de atividade espiritual a que nos dedicamos.

Aqui comparecemos apenas para auxiliar de alguma forma o leitor que nos conferir a honra de deter-se um pouco sobre as páginas que lhe oferecemos. As nossas reflexões conduzem o nosso propósito de facultar-lhe o autoencontro, o conhecimento de alguma diretriz que o possa ajudar a reconquistar a saúde, ou evitar que tombe nas malhas dos transtornos emocionais, ou, pelo menos, consiga descobrir a possibilidade de ser feliz, assim alcançando o triunfo pessoal sobre as vicissitudes.

Profundamente agradecida ao Mestre Jesus de Nazaré pelos Seus exemplos e socorros até hoje dispensados a todos nós, formulamos votos de muita paz a quantos nos concederem a alegria de ler-nos.

Salvador, 16 de novembro de 2001.
JOANNA DE ÂNGELIS

1
O CÉREBRO E O ESPÍRITO

Os arquétipos junguianos • O inconsciente
• O alvorecer da consciência

Numa análise perfunctória sobre o cérebro humano atual, descobre-se a grandeza da fatalidade biológica no desenvolvimento das formas constitutivas do corpo e das suas funções, organizando os equipamentos hábeis para facultar a angelitude que está destinada ao ser.

Na intimidade dos oceanos, há mais de meio bilhão de anos, poderíamos encontrar seres de forma tubular, que se alimentavam de nutrientes que os atravessavam e eram assimilados como mantenedores da vida. Dessa estrutura simples, em nosso aparelho digestivo encontramos um símile representativo da nossa história passada, de quando aquela expressão de vida esteve em desenvolvimento na intimidade das águas abissais.

O nobre investigador Paul MacLean observou, por exemplo, que a constituição mais primária do cérebro humano, que é formada pela sua parte posterior, pela medula espinhal e pelo mesencéfalo, poderia ser aceita como a sua base ou o seu *chassi neurológico*, conforme assim o denominou, que serviria de sustentação aos elementos que se aglutinaram sobre esse conjunto primário para formar o encéfalo contemporâneo.

Assim sendo, o cérebro seria triúno, e na sua tríplice constituição cada uma se equilibraria sobre a outra definindo-se na sua morfologia contemporânea.

O primeiro seria o denominado *complexo R,* também conhecido como o *cérebro réptil,* responsável pelo comportamento agressivo – herança do primarismo animal –, os rituais existenciais, a noção de espaço territorial, a formação do grupo social e sua hierarquia, estando presente nos primeiros répteis. Logo depois, viria o *cérebro mamífero,* expresso pelo sistema límbico, com a inclusão da glândula pituitária responsável por grande parte das emoções humanas, quais a área da afetividade, dos relacionamentos, do sentimento de compaixão e de piedade, da manutenção do grupo social e da organização gregária. Por fim, o neocórtex, encarregado das funções nobres do ser, como a inteligência, o raciocínio, o discernimento, a linguagem, a percepção de tudo quanto ocorre à volta, da administração da visão. Esse último, que seria o mais recente, resulta da conquista da evolução há apenas algumas dezenas de milhões de anos, tendo havido um desenvolvimento mais rápido do que o dos outros, que oscilaram entre duzentos e cinquenta milhões a cento e cinquenta milhões de anos.

Foi nesse período que se separou discretamente uma organização cerebral da outra, dando surgimento aos seus pródromos e se instalando a consciência.

Essa inquestionável conquista da vida não cessou ainda, porquanto ao homem primitivo sucedeu o *sapiens,* a este sobrepõe-se o *tecnologicus,* que irá ensejar o campo para a saga do *noeticus,* que penetrará com mais facilidade os arcanos do Universo para o ser humano compreender o papel de relevo que lhe está destinado no concerto da evolução.

Assim entenderá a grandiosa missão de ser cocriador com Deus, em vez de tornar-se um instrumento de alucinação e desídia derivadas da prepotência egoística, que se atreve a matar as portentosas expressões da vida vegetal, animal e humana, nessa torpe conspiração contra o ecossistema e as já conseguidas vitórias da Cultura, da Ética e da Civilização.

Esse conhecimento o auxiliará a descobrir-se como ser imortal que é, eliminando da mente e da conduta o conceito utópico do materialismo, abrindo-lhe os olhos da vã cegueira em torno da unicidade existencial, conforme apregoam algumas doutrinas religiosas atadas aos ultramontanos dogmas da sua ortodoxia, para entender o processo da evolução, etapa a etapa através das sucessivas reencarnações.

Com esse entendimento será impulsionado a compreender que a vida é única, sim, porque indestrutível, quer o Espírito se movimente no corpo ou fora dele com um programa grandioso para executar, enquanto que as existências corporais são muitas, elevando-o a paragens dantes não alcançadas e contribuindo para os fenômenos transformadores da constituição orgânica sempre para melhor, a fim de bem servir-lhe de suporte para o desiderato.

Sendo um ser essencialmente espiritual, a sua mente traduzirá a realidade e se encarregará de contribuir para as alterações necessárias à renovação indispensável que lhe facultará alcançar a meta estabelecida que é a perfeição.

Não obstante a valiosa contribuição de Paul MacLean a respeito do cérebro triúno, a Neurofisiologia e outras ciências a cada momento mais o penetram, identificando a sede das funções essenciais da vida emocional, pensante e física, enquanto ainda prossegue algo desafiador e *misterioso* na sua constituição e funcionalidade totais.

Os arquétipos junguianos

A notável observação e decodificação dos arquétipos elucidam um número expressivo de conflitos e de fenômenos que ocorrem na conduta do ser humano, sendo essas raízes psicológicas fincadas no inconsciente individual pela herança estratificada no coletivo.

Nesse infinito oceano de informações adormecidas onde a consciência surge em expressão reduzida, vitimada pelas sucessivas ondas proporcionadas pelos *ventos* dos arquivos repletos de dados, emergem as imagens arquetípicas das personificações mitológicas que constituem as matrizes desencadeadoras do comportamento humano.

Do *arquétipo (ou imagem) primordial*, básico, portanto, segundo Carl Gustav Jung, emergem todos os demais, tornando-se difícil de classificação, pelo fato de existirem tantos quanto as circunstâncias, pessoas, lugares, quaisquer objetos *que tenham força emocional* para diversos indivíduos, prolongando-se por expressivo período de tempo na sua conduta.

Prevalecendo os arquétipos de mãe e de pai, o criador da Psicanálise Analítica deteve-se em dividi-los em três grupos, em razão da sua preponderância sobre todos os seres, a saber: a *sombra*, que pode ser uma personificação não identificada ou teimosamente negada, que se apresenta nos sonhos com as mesmas características e idêntico sexo do paciente; a *anima* e o *animus*, que são conexões inconscientes vinculadas ao coletivo não identificado, expressando-se em sexo oposto ao do sonhador; e, por fim, o *Self*, que pode ser entendido como a totalidade, a magnitude do *Velho Sábio/ Velha Sábia*, alterando sua expressão conforme as circunstâncias e apresentando-se em extensa gama de formas humanas, animais e abstratas.

Reconhecendo a excelência da classificação do mestre suíço, não nos podemos furtar, no entanto, a uma análise espírita em torno do *arquétipo*, que se trata de heranças das experiências vivenciadas em reencarnações transatas, quando o Espírito transferiu, mesmo sem dar-se conta, *as lembranças* para o inconsciente, nele arquivando todas as realizações, anseios, frustrações, conquistas e prejuízos, facultando o surgimento das futuras *imagens primordiais,* que correspondem aos acontecimentos nele momentaneamente adormecidos e ignorados pela consciência.

Da mesma forma, a *sombra,* significando o lado escuro da personalidade, pode ser analisada como herança dos atos ignóbeis ou infelizes que o Espírito gostaria de esquecer ou negar, mas que prosseguem em *mecanismo de punição,* dando lugar a conflitos e complexos perturbadores, expressando-se de forma *densa.* Por outro lado, o desconhecimento, a ignorância das coisas e da realidade, responde por essa *sombra,* que se pode *dourar,* após o esclarecimento, a conquista da *verdade,* eliminando os conflitos que remanescem esquecidos...

Porque assexuado, o Espírito mergulha no corpo físico, ora exercendo uma polaridade, e em ocasiões outras, diferente expressão anatômica, que o caracteriza como feminino ou masculino, propiciando a reprodução e ensejando-lhe sensações e emoções variadas que fazem parte do seu processo evolutivo. O comportamento vivenciado em cada anatomia e função sexual irá responder pelo *arquétipo anima/animus,* ambos tornando-se os *parceiros psicológicos invisíveis* que, em alguns casos, geram conflitos, quando um deles predomina no comportamento emocional, diferindo da estrutura física do indivíduo.

Nesses casos, existiu uma conduta reprochável que deixou marcas profundas no inconsciente pessoal, produzindo necessidade de reparação moral dos equipamentos utilizados indevidamente, ressumando como fator de insatisfação quando não de tormento sexual.

A conveniente reeducação da *função genésica psicológica* harmonizará a *anima* com a polaridade masculina e o *animus* com a feminina, produzindo bem-estar e plenitude pela agradável identificação do *arquétipo* com a consciência.

O *Self*, na sua representação totalitária, expressando a sabedoria do *Velho/Sábio* ou da *Velha/Sábia,* é o Espírito imortal, herdeiro de si mesmo, jornaleiro de variadas existências terrenas que o capacitam para a plenitude, exornando-o com os valores imarcescíveis do conhecimento e da experiência. Todos eles dormem nos alicerces profundos do inconsciente coletivo como do pessoal, delineando o comportamento e a saúde psicológica de cada ser humano nas etapas sucessivas.

A proposta espírita para a equação do pressuposto dos *arquétipos*, a nosso ver, satisfaz plenamente o entendimento daqueles denominados *primordiais,* preenchendo a lacuna da *incerteza* no arquipélago das conclusões do eminente sábio da *psique* estruturada de maneira especial.

Assim sendo, ao se apresentarem esses *arquétipos* em sonhos ou em imagens projetadas no mundo objetivo, são defrontadas exteriorizações dos arquivos pessoais e das experiências coletivas – reminiscências liberadas do perispírito – igualmente registradas no inconsciente universal – os tradicionais *akashas* do esoterismo ancestral –, no qual estão mergulhadas todas as vidas e suas formas, incluindo-se as abstrações.

O INCONSCIENTE

As impressões armazenadas em camadas abaixo da consciência constituem a área que Freud denominou como inconsciente, enquanto Jung passou a nomeá-la como inconsciente individual, com a finalidade de diferenciá-la daquele que chamaria de *coletivo*. Esse inconsciente individual registra e armazena as informações que foram registradas ou não pela consciência, qual sucede quando alguém está realizando uma atividade e, simultaneamente, outros fenômenos ocorrem à sua volta sem que sejam percebidos pela consciência. Apesar disso, as sensações são registradas pelo corpo e também são arquivadas, nem sempre facultando a recordação de fragmentos ou parcelas dos acontecimentos, senão da sua totalidade.

Em face dessa ocorrência, o cérebro é capaz de assinalar todas as ocorrências sem cessar, sendo que algumas áreas captam melhor os estímulos de natureza visual, olfativa, auditiva, com preferência por aqueles de natureza visual que teriam maior preponderância. Essa capacidade não anula as demais funções ou captações para arquivos cerebrais da *psique*.

De outra maneira, as *personificações dúplices (múltiplas) ou parasitárias* pertenceriam ao inconsciente coletivo, no qual estariam todas as informações ancestrais do conhecimento, mesmo que arquivadas de forma não consciente.

Esse inconsciente coletivo se encarregaria de guardar todos os dados que podem ser acessados a qualquer momento por todas e quaisquer pessoas, superando as dimensões de tempo e de espaço, acumulados desde os primórdios do conhecimento do ser no seu processo evolutivo, abrangendo a fase primária e prosseguindo até o momento cultural que se vive. Não apenas em relação a si mesmo, mas igualmente a respeito de tudo quanto haja ocorrido. Desse inconsciente coletivo surgiriam os *arquétipos primordiais*, responsáveis por todos os fenômenos psicológicos, conscientes ou não, identificáveis através dos sonhos, que responderiam aos estímulos que os podem desencadear, muitas vezes surgindo como *complexos*, que são os grupos de conceitos portadores de significativa carga emocional.

Freud também os identificou, porém, considerou-os resultados de ocorrências sexuais de significação desde os primórdios da existência, podendo ser trazidos à atualidade pessoal mediante associações. Jung, no entanto, constatou que, mesmo após a identificação do fator *primacial,* permaneciam outros componentes que mantinham a carga emocional nos seus pacientes. Tratar-se-ia de um fator impessoal que responderia por essa carga emocional do complexo. Essa ilação contribuiu para que o mestre suíço esclarecesse que esse conceito inicial se encontrava no passado evolutivo de cada indivíduo, podendo ser recuperado por intermédio dos *instintos* responsáveis pelo comportamento no mundo externo ou graças às *imagens primordiais – arquétipos –* encontradas no inconsciente coletivo.

Embora reconheçamos a oportuna tese como de valor incontestável, pensamos que esse *inconsciente coletivo* corresponde às experiências vivenciadas por cada indivíduo no processo da evolução, passando pelas etapas reencarnacionistas, nas quais transitou nas diversas fases do desenvolvimento antropossociopsicológico de si mesmo. Atravessando os diferentes períodos da Humanidade, nos quais esteve, arquivou, nos recessos do ser, todas as impressões que ora se encontram adormecidas e podem ser exteriorizadas pelo perispírito.

Nenhum cérebro teria condições de armazenar todas as formulações dos diversos períodos da evolução, considerando-se o limite da aparelhagem fisiológica, mesmo com a sua incomum complexidade. Seria atribuir-lhe funções e possibilidades *divinas*, superando a sua constituição humana. A visão espírita, porém, a respeito de um *arquivo extracerebral*, formado por uma maquinaria energética centrada no *Self* ou Espírito, cujo campo de informações é infinito, torna-se muito mais factível e racional, sem menosprezo pela conceituação do *inconsciente coletivo*, variando apenas de denominação e certamente de formação, no que resultaria a questão dos conteúdos emocionais e das possibilidades de conhecimentos.

Exteriorizados pelo *inconsciente* através dos sutis mecanismos cerebrais, essas ocorrências ressurgem como *complexos* quando possuem conteúdo perturbador, efeitos naturais das ações morais iníquas que as soberanas *Leis de Causa e Efeito* impõem ao Espírito como necessidade de reparação e de reeducação.

A conceituação evolutiva do princípio espiritual que se transformará no *Self* quando o ser se humaniza, completa a proposta junguiana, alargando os horizontes existenciais ao infinito, cujas origens perdem-se nos primórdios da Criação, correspondendo aos *arquétipos primordiais*, que se encontram em Deus de Quem tudo procede.

Graças a esses *arquivos extracerebrais* os Espíritos encontram os elementos que lhes facilitam as comunicações, por oferecer-lhes o material hábil para a decodificação do seu pensamento através dos neurônios e de alguns *chakras,* especialmente do *coronário.* Não houvesse no médium os *recursos primordiais* que podemos considerar como informações adormecidas, fruto das experiências pessoais antes vivenciadas, tornar-se-ia muito difícil a ocorrência dos fenômenos psicofônicos, psicográficos e artísticos, na sua grande variedade, que necessitam de impressões correspondentes às ideias que serão exteriorizadas pelo comunicante espiritual.

Da mesma forma, no que diz respeito aos fenômenos mediúnicos e anímicos de xenoglossia e glossolalia, nos quais a memória espiritual libera os idiomas que foram antes conhecidos ou retornam sob o estímulo das Entidades espirituais, defrontamos o *inconsciente* como de natureza transcendental.

Desse modo, todos vivem sob os acicates das aquisições anteriores, que se exteriorizam como necessidades evolutivas, ao mesmo tempo impondo no processo da reencarnação os mecanismos educativos para o Espírito liberar-se de si mesmo, do *ego,* das paixões dissolventes, assim crescendo no rumo da plenitude.

O ALVORECER DA CONSCIÊNCIA

A origem do *ego* e da consciência encontra-se mergulhada no conceito de que ambos estariam *perdidos* no *mito da criação,* quando não havia nada. Mergulhados no inconsciente predominante, surgem, no mito, constituindo o nascimento do *ego* mediante o sofrimento que enfrentará, e a sua libertação (ou redenção) somente será possível mediante as diferentes fases do seu desenvolvimento.

Lentamente, no período da *separação dos Pais do Mundo*, inicia-se o pródromo da consciência do *ego* que mais tarde se afirmará, adquirindo conteúdos próprios.

No *mito da criação* a perfeição estaria, em princípio, caracterizada pelo símbolo do círculo ou se apresentaria em forma de luz, diferindo da ignorância que se manifestaria como a *sombra*. Esse símbolo se multiplica e se torna complexo, iniciando-se pelo surgimento da Humanidade em forma coletiva e pela vida do próprio ser humano na sua expressão individual.

Nesse *mito* aparece o conceito do *Demiurgo,* de Platão, que, por primeira vez, enseja o simbolismo espiritual mais expressivo do processo abstrato, que pode ser traduzido como *Deus, o sopro da vida.*

Esse desenvolvimento é longo e doloroso, porquanto através do símbolo que nele permanece, a sua consciência se torna espiritualmente rica de valores alcançando a autoconsciência. Assim, a criatura humana consegue o entendimento do seu próprio ser, tornando-o visível, qual um *objeto,* através da representação dos deuses adormecidos no interno panteão do inconsciente pessoal.

Eis por que essas representações inconscientes adquirem as expressões simbólicas do poder criador através do próprio mito, da arte, das religiões, da linguagem, e mediante esses componentes o Espírito criador que é se faz conhecido, *objetivando-se,* isto é, tornando-se identificado, e alcançando mui lentamente a autoconsciência através da humana consciência.

Logo, essa função arquetípica, que também deflui do símbolo, faz-se portadora de emotividade, e essa faceta, estimulada pelos símbolos dominantes em sua estrutura íntima adquire direcionamento, um *caráter significativo e ordenador*.

    O *Self*, preexistente à composição física do ser humano, é possuidor dos símbolos e imagens que se encontram no *Arquétipo Primordial*, do qual se origina, conduzindo o embrião do *ego* e da consciência, que se exteriorizarão por meio das incontáveis experiências de transformação e de *redenção* na individualidade em que se expressará um dia.

    Procedente de um *mundo original* constituído de energias especiais que também nele se encontram, no começo mergulhado na inconsciência do Si-mesmo que nele predomina, somente, a pouco e pouco, se vai conscientizando através das imagens arquetípicas que vão tomando a forma de deuses e de heróis que lhe exigem sacrifícios como mecanismo de depuração para o retorno à Grande Luz.

    Todas essas imagens arquetípicas povoam-lhe o inconsciente pessoal, desde que sua origem está *perdida* nesse inicial inconsciente coletivo, e assomam nos seus sonhos mediante representações específicas que se vão assenhoreando da consciência individual que, por sua vez, se liberta da coletiva para afirmar-se como autoconsciência.

    As lembranças originais da sua procedência elaboram os símbolos que lhe constituem inconsciente recurso de apoio psicológico, aos quais recorre e por meio deles se expressa, elaborando conteúdos e apresentações mais profundas de manifestação até alcançar o abstrato e libertar-se, podendo superar os conflitos e tormentos que o acompanham desde as fases mais primárias do processo de conscientização.

    A conquista da consciência é, desse modo, um *parto* muito dorido do inconsciente, que continua detendo expressiva parte dos conteúdos psíquicos de que o *ego* necessita e deve assimilar. Nesse momento em que se torna consciente do portentoso repositório e passa a expressar-se por seu intermédio, é que a consciência se manifesta.

Isso não significa a inexistência do inconsciente pessoal e do coletivo em predominância, mas traduz que um passo avançado foi conseguido na direção da autoconsciência, do enriquecimento pessoal de valores, da responsabilidade, das buscas bem direcionadas, das necessidades de compreensão e absorção do significado existencial.

Esse crescimento ininterrupto que vem desde as formas mais primárias, nas quais o psiquismo se encontrava embrionário, em adormecimento profundo, inconsciente de Si-mesmo e de tudo a sua volta, carreia de uma para outra expressão de vida as heranças ancestrais que passam a constituir-lhe o imenso patrimônio para ser decodificado quando, na sua humanidade, o Espírito alcançar o patamar nobre da consciência plena, degrau que o erguerá à angelitude, que o reconduzirá ao *mundo da luz inicial* de onde o *Demiurgo*, o *Incriado* retira os elementos constitutivos do Universo, *gerando* tudo...

A consciência é, pois, esse altíssimo valor que o *Self* conquista, integrando todo o patrimônio dos conteúdos psíquicos existentes na realidade do discernimento além do conhecimento, dos sentimentos harmônicos com os instintos, na razão bem direcionada.

2
O SER PENSANTE

Inteligência • Sentimentos • Vontade

O atributo, por excelência, que diferencia o ser humano do animal em escala zoológica inferior é o pensamento.

Do ponto de vista filosófico, o pensamento é a faculdade psíquica que abarca os fenômenos cognitivos, diferindo do sentimento e da vontade.

Mediante o pensamento é possível a apreensão lógica das coisas, do ambiente, do raciocínio, do conhecimento. Responsável pela capacidade de perceber a beleza, identificar os sentimentos e elaborar programas de direcionamento, constitui um dos mais admiráveis tesouros com que a Vida honra o ser antropológico no seu infindável processo de evolução.

Na Terra, somente o ser humano é possuidor dessa extraordinária peculiaridade que lhe permite identificar-se no ambiente em que se situa, compreender a magnitude do Universo e descobrir os mecanismos que o podem auxiliar a crescer, bem como as formas de resolver os desafios que enfrenta a cada momento.

As experiências, a que foi submetido, no curso largo da evolução, fizeram que brotasse dos refolhos mais íntimos e profundos do *Self* os intrincados recursos que lhe permitem decodificar os símbolos e imagens que lhe assomam, comparando-os com o mundo exterior, e que lhe proporcionando instrumentos próprios para equacionar os enigmas que se lhe apresentam, abre espaços para a lógica, o entendimento da Ciência, da Arte, da Religião, para a compreensão e realização existencial na vida.

O pensamento é um *arquipélago* de recursos inexauríveis que o Espírito possui e que os complexos mecanismos neurais transformam em ideias através das sinapses defluentes dos impulsos que lhes permitem a intercomunicação.

Máquina alguma jamais foi capaz de pensar, não podendo elaborar qualquer ideia além dos seus componentes constitutivos, e mesmo os mais avançados computadores *que pensam*, quais aqueles de que se utilizam os enxadristas, somente resolvem questões que foram programadas, obedecendo e repetindo sempre os mesmos processamentos de dados, enquanto o ser humano, rico de possibilidades, elabora novos e contínuos cometimentos, vivencia incomparáveis experiências e altera a estrutura do mundo a cada momento.

O pensamento é delicado instrumento do *Self* para exteriorizar as ocorrências internas da sua existência, facultando a comunicação racional e inteligente com o mundo, as pessoas e as coisas.

Possuidor de inimagináveis procedimentos, é condutor das ideias que dão sentido à vida; no entanto, quando mal direcionado derrapa em viciações mentais perturbadoras que levam o indivíduo a conflitos e desordens emocionais de gravidade.

Disciplinado pela vontade, conduz os sentimentos aos níveis mais formosos da inteligência, que se enriquece de requisitos capazes de felicitar e tornar harmônicas as criaturas.

O pensamento é energia que pode conduzir à sublimação ou ao desespero conforme os conteúdos psíquicos de que se revista.

INTELIGÊNCIA

A inteligência pode ser definida como a faculdade de conhecer e que se expressa em formas e conteúdos variados. É o veículo portador do conhecimento e da compreensão das ocorrências, bem como dos instrumentos através dos quais sucedem, constituindo-se *uma substância de natureza espiritual*.

São muitas as definições de inteligência, e W. Stern elucida que *é capacidade de sintonizar o pensamento com novas exigências ou como a capacidade geral do Espírito de adaptar-se a novas tarefas e condições de vida*.

Para Claparède *a inteligência integral realiza uma atividade mental de pesquisa, que compreende diversas fases: questão, formulação de hipóteses e verificação*, sempre com o objetivo de proporcionar ao ser humano uma adaptação consciente aos desafios e *situações novas*.

Graças à inteligência é que os mais complexos mecanismos do Cosmo universal e do individual têm sido compreendidos. Observando a Natureza, a inteligência tem-na copiado, assim ensejando enriquecimento cultural e psicológico de alto significado. Nada obstante, os desvarios da emoção tem-lhe recorrido aos recursos não dimensionados para o crime e a perversidade, a destruição do ecossistema e das demais criaturas humanas. Esses desvios, no entanto, demonstram que somente houve um transtorno de comportamento daquele que a utiliza com fins ignóbeis, não tendo qualquer relacionamento com a faculdade em si mesma. O ser humano a possui para crescer e tornar-se cocriador, agigantando-se no rumo do Infinito.

Numerosas discussões têm sido travadas desde os primórdios do pensamento, em valiosas tentativas para se compreender a inteligência e os equipamentos que a formulam na área do Eu consciente. Teses e conceitos espirituais, vazados em reflexões filosóficas e religiosas de diversos matizes situam-na no cerne do ser profundo, eterno, no Espírito, enquanto outros estudiosos propõem que a mesma deflui da complexa máquina cerebral que a elaboraria em termos reducionistas.

Dúvida nenhuma porém existe de que a inteligência se exterioriza através das redes neurais que, estimuladas pelas ondas do pensamento que procedem do *Self*, se encarregam de exteriorizar a sua potencialidade.

Por longos anos, e particularmente durante o século XX, acreditava-se na existência de apenas uma inteligência, que seria a denominada intelectual, encarregada da análise das coisas, dos cálculos, do conhecimento generalizado e que, mediante testes bem elaborados, podia ser medida. Foram os psicólogos Binet e Simon que estabeleceram as escalas para análise do nível de inteligência dos indivíduos. Esse Quociente Intelectual predominou no comportamento cultural da sociedade até o momento quando foi detectada outra forma, outra expressão de inteligência, que se tornou conhecida como emocional, aquela que faculta a percepção e compreensão dos sentimentos próprios bem como das demais pessoas.

Graças a essa conquista e entendimento dos valores, o ser humano mais se enriqueceu, mediante o desenvolvimento do seu QE (Quociente Emocional), desenvolvendo recursos e aptidões adormecidos que lhe dão amplitude para o relacionamento humano e social, bem como para o equilíbrio das emoções e do êxito nos empreendimentos encetados.

Pôde-se demonstrar que nem todo aquele que era portador de um elevado QI (Quociente Intelectual) se tornava um indivíduo exitoso, e, embora com possibilidades aparentes de triunfo, não conseguia alcançar as metas almejadas. Percebeu-se, então, um grande vazio interior de natureza existencial e a falta de sentido para a vida, na maioria desses indivíduos altamente credenciados. Como tudo parecia de fácil solução para esses portadores de alto nível intelectual, um grande número mergulhava na indiferença perante a vida e seus valores, malbaratando as excelentes oportunidades para lograr uma existência feliz, postergando o momento de ventura ou fruindo dos prazeres que lhe chegavam, mas vivendo em transtornos comportamentais.

Ante essa imensa crise de valores e a crescente onda de vazio existencial, descobriu-se que existe outro tipo de inteligência, que é o de natureza espiritual, aquela que permite situar a vida e os sentimentos em um contexto mais extenso e significativo, propiciador de objetivos mais duradouros e profundos, que facilita o entendimento para a escolha de um em detrimento de outro caminho para a autorrealização. Essa Inteligência Espiritual (QS) pode ser considerada como base de sustentação para as duas outras, oferecendo-lhes meios para a realização plenificadora de cada pessoa.

O Dr. Howard Gardner, estudioso da inteligência, assevera, no entanto, que existe um número maior de tipos, abrindo um elenco que abarca diferentes expressões, quais a de natureza musical, espacial, etc., que de alguma forma podem ser consideradas como variações dessas principais, encarregadas das funções essenciais.

Indubitavelmente, todas essas variações da inteligência partem do ser profundo e são *traduzidas* por um dos três sistemas neurais do cérebro humano, para que se tornem realidade no mundo objetivo em favor do intercâmbio entre as criaturas.

Inegavelmente espiritual, a criatura humana é sempre impulsionada a indagações graves, aquelas que dizem respeito à sua existência, e que, explicadas, facultam-lhe maior entrosamento no grupo social e mais ampla perspectiva de saúde integral, descobrindo os valores e seus significados que dão sentido de dignidade à existência, facultando, assim, prazer e felicidade.

A descoberta e constatação da Inteligência Espiritual (QS), neste momento, faculta a compreensão da complexidade da alma humana, analisando os dados fornecidos pelo pensamento e elaborando os programas mais compatíveis com as suas necessidades e aspirações no complexo movimento da busca da plenitude.

Perfeitamente identificadas as áreas nas quais se exteriorizam as diferentes inteligências, há, no entanto, em destaque um *ponto-luz* que expressa no cérebro a existência daquela de natureza espiritual, impulsionando o ser à compreensão da sua transcendência e da sua destinação no rumo do Infinito. Esse *ponto-luz* ou *divino* está situado entre as conexões dos neurônios nos lobos temporais do cérebro.

As pesquisas realizadas mediante a utilização de pósitrons permitem constatar-se que, nas discussões de natureza religiosa ou espiritual, toda vez que o tema versa a respeito de Deus e do Espírito, da vida transcendental e dos valores da alma, de imediato se produz uma iluminação no campo referido, demonstrando ser aí que se sedia a Inteligência Espiritual.

É, portanto, essa Inteligência que conduz ao cerne das coisas e facilita a compreensão do abstrato, particularmente quando se refere aos valores da imortalidade da alma, da fé religiosa, da Causalidade universal, do Bem, do amor...

Conseguir-se unificar as diversas inteligências, tornando-as um bloco pelo qual se movimentem as diferentes significações em um conjunto harmônico, é o desafio existencial, qual ocorre com uma orquestra na preparação de um concerto sinfônico, para ser conseguida a harmonia do conjunto. Não fosse, da mesma forma, a existência humana o mais notável conjunto sinfônico de que a Humanidade tem conhecimento!...

Sentimentos

Os sentimentos *expressam a capacidade que possui o ser humano de conhecer, de compreender, de sentir e compartir as emoções que o vitalizam nas suas diversas ocorrências existenciais.*

São *os mecanismos* que conduzem a Humanidade ao longo do processo evolutivo, através do qual o *Self* adquiriu o conhecimento e experienciou as conquistas que lhe exornam a realidade.

Inseridos no sistema nervoso central, respondem pela afetividade e pelo comportamento, nutridos por moléculas específicas que são produzidas pelos neurônios cerebrais, tipificando os diferentes biótipos humanos através das suas emoções.

Quando se encontram sob o comando da vontade dignificada, os sentimentos constituem instrumentos valiosos para equipar o indivíduo de equilíbrio e conduzi-lo aos fins que persegue.

São os sentimentos que dulcificam ou tornam a existência amarga, dependendo dos direcionamentos que lhes são aplicados.

Max Scheller, estudando os sentimentos, relacionou-os com a ideia de valor, graças ao que os mesmos orientam para a opção em torno daquilo a que se atribui significado. De início, ainda segundo ele, esses valores são destituídos de conteúdos, que são descobertos depois, atribuindo-lhes significado intelectual. Desse modo, esses sentimentos podem ser *superiores*, quando se referem às realizações nobres, a justiça, a beleza, o amor, a ciência, a abnegação, o bem, etc., ou *inferiores*, quando se fazem acompanhar das sensações de natureza física, tais o prazer sensual, a ambição da posse, a inveja, o ciúme...

Freud considerava os sentimentos como *produtos sublimados das tendências psicofisiológicas,* portanto, de significado meramente orgânico.

Outras tendências procuram explicar os sentimentos conforme as várias escolas neurológicas, fisiológicas, atribuindo-lhes significados pertinentes aos seus contextos...

No princípio do processo evolutivo, porém, eles se encontram em germe nos *instintos agressivos ou primários,* que os vão liberando até o momento em que passam a exercer atividades especiais na conduta, direcionando as aspirações e os anseios para o belo, o nobre, o bom e o elevado. São eles que facultam a compreensão da dignidade através da cooperação da razão e da consciência, produzindo os vínculos que unem os seres uns aos outros e propiciam o entendimento das necessidades dos relacionamentos, da busca de união e entrosamento, porque, estando isolado, o ser se perturba e se consome.

À aridez do instinto, a fertilidade do sentimento enriquece o ser humano, dando-lhe empatia para lutar e coragem para vencer, mesmo quando as dificuldades se apresentam mais desafiadoras. Sob o seu comando, quanto mais desenvolve a capacidade de compreender e de sentir, mais amplia os horizontes do amar e do servir.

Entre os animais, manifestam-se esses sentimentos sem a presença do discernimento nem da razão, mas através de impulsos, que são os pródromos da emoção que, desse modo, os conduzem à *afetividade* por aqueles que os cuidam e mantêm, aguçando-lhes a percepção de valores que, embora não decodificados pela consciência ainda embrionária, os propelem a inúmeras expressões que traduzem a sensibilidade em desenvolvimento.

Trabalhando-se os instintos e corrigindo-lhes o direcionamento, os sentimentos substituem-nos na sua maioria e alimentam de emoção superior aqueles que são primordiais e essenciais à existência física, sem inibirem ou perturbarem as emoções que são um passo avançado na escala do progresso.

Quando ainda se mesclam os instintos e os sentimentos, permanecendo os primeiros em predominância em a natureza humana, destacam-se o tormento egotista, a necessidade de dominação, os impulsos inerentes ao primarismo, o desbordar do ódio e da vingança, as expressões asselvajadas da ira e da cólera, do ciúme e da perseguição, a inveja, o ressentimento, que traduzem o grau em que se situa a criatura, ainda sem o comando da razão. E quando se tratam de pessoas portadoras de alto grau de raciocínio e conhecimento, que se comportam com essas características, são os instintos que as governam e não os sentimentos de elevação, que a razão estimula.

Desenvolvendo as aptidões da afetividade, surgem os impulsos da amizade e da compreensão, do dever e da fraternidade, da bondade e da abnegação, das aspirações pela conquista do conhecimento, da Arte, da Ciência, do pensamento filosófico... Posteriormente esses impulsos iniciais se transformam em conquistas que se inserem no comportamento emocional. Como consequência, os vazios que decorrem da não predominância da *natureza animal* são preenchidos pelos ideais, aos quais o indivíduo oferece a própria vida quando necessário, por compreender o significado da luta e da existência.

O pensamento, rompendo as barreiras da ignorância, superando a densidade da *sombra,* inevitavelmente se adorna de emoções, ensejando que os sentimentos do amor passem a constituir o objetivo a ser alcançado, vencendo, etapa a etapa, as manifestações primárias pelas quais se apresenta até conseguir alcançar os patamares do sacrifício, da renúncia, da abnegação e da doação total.

Apesar do alto significado que possuem os sentimentos, torna-se necessário que a razão sempre os conduza, de forma que não se transformem em desarmonia, se comandados pelo desejo egotista ou se façam áridos, porque as suas tentativas iniciais de plenitude não encontraram ressonância no mundo objetivo, proporcionando os prazeres que se aguardavam.

Os sentimentos são precioso capítulo da existência humana, na qual o *Self* trabalha os conteúdos profundos do psiquismo, buscando harmonizá-los com as manifestações do *ego* de tal maneira que, razão e emoção constituam o binômio a ser bem conduzido pelo pensamento, que não se deve desbordar em aspirações exageradas ou desinteresse esquizoide.

Decodificados e conduzidos por alguns neuropeptídeos, os sentimentos se originam no *Self* e se exteriorizam pelos condutores neurais, expressando-se por todo o organismo físico e emocional, passando a exercer um papel de grande relevância nos processos da saúde, pelas altas cargas de que se revestem em razão da conduta mental do indivíduo.

À medida que o ser humano evolui, maior se torna a sua capacidade espiritual de externar os sentimentos que lhe exornam as estruturas íntimas, ampliando a capacidade de entendimento da vida e dos seus conteúdos mais variados, profundos e superficiais, graves e sutis, que são todo o patrimônio alcançado ao longo do inevitável processo antropossociopsicológico.

Pode-se medir, portanto, o grau de adiantamento moral do indivíduo pelos sentimentos de que se faz portador e que expressa no seu dia a dia.

Vontade

Nietzsche, o filósofo alemão, definiu vontade como *o impulso fundamental inerente a todos os seres vivos, que se manifesta na aspiração sempre crescente de maior poder de dominação.*

Considerado esse *poder de dominação* como algo que se expressa além do *ego* desejoso de sobrepor-se às demais criaturas, o sentido da definição apresenta-se corretamente.

Isto porque a vontade é a faculdade de bem conduzir as aspirações, objetivando uma finalidade compensadora, que resulte em paz íntima.

Somente através da sua conscientização é que os indivíduos descobrem as infinitas possibilidades que se lhes encontram à disposição para o processo de desenvolvimento interior, tendo em vista a autorrealização.

A vontade, no entanto, procede do *Self*, cuja maturidade se exterioriza em forma de querer e conseguir ou de não desejar e, por isso mesmo, considerar-se fraco, incapaz de atingir as metas que os outros alcançam.

A razão indica a necessidade de lograr-se algo, e a vontade pode ser considerada como o ato mental que deve ser transformado em ação mediante o empenho com que seja utilizada.

Quanto maior o desenvolvimento intelecto-moral do indivíduo, e mais ampla será a sua capacidade de lutar e vencer, ampliando-se-lhe a área da vontade que se lhe exterioriza, auxiliando-o na conquista de patamares mais elevados, que sempre o estimulam a novos cometimentos.

Vários fatores, no entanto, endógenos e exógenos, respondem pela ação da vontade. Em razão da imaturidade psicológica ou dos transtornos de comportamento que experimente, o indivíduo sofre efeitos hormonais e de outros produzidos pelos neuropeptídeos, que desarticulam as substâncias responsáveis pela afetividade e induzem a estados de incapacidade emocional para decisões e atitudes que exijam força interior e desejo de vitória. Respondem pelos desvios de conduta, pelas quedas sensacionais em compromissos de inércia ou cumplicidade nos desequilíbrios de variada denominação, terminando por ceifar a esperança e o esforço de quem lhes padece a injunção algo penosa.

Por outro lado, as circunstâncias educacionais, os hábitos domésticos, o convívio social, cuja procedência seja perturbadora, as aflições psicossociais, socioeconômicas e morais afetam poderosamente a vontade daquele que se deixa permear pelo interesse vigente ou se adapta à situação angustiante.

A vontade deve e pode ser trabalhada através de exercícios mentais, da geração de interesse e de motivação para conseguir-se a autorrealização, a conquista de recursos de vária natureza, especialmente na transformação dos instintos em sentimentos, dos hábitos doentios em saúde, da conquista da beleza, dos ideais de engrandecimento humano.

Ninguém é destituído de vontade, porquanto tudo que se realiza, no movimento e na ação, está vinculado a esse fulcro desencadeador de forças para a objetivação.

A vontade é, portanto, o motor que impulsiona os sentimentos e as aspirações humanas para a conquista do infinito, sendo sempre maior quanto mais é exercitada. Inexpressiva, nos primeiros tentames, logo se transforma em comando das possibilidades que se dilatam, enriquecendo o ser com os valores imperecíveis da sua evolução.

A vontade se radica nos intrincados *tecidos* sutis do Espírito que, habituado à execução de tarefas ou não, consegue movimentar as forças internas de que se constitui, a fim de atingir os objetivos que lhe devem representar fator de progresso.

Quando alguém fracassa, em qualquer atividade, isso não representa debilidade de esforço ou falta de vontade bem direcionada, antes transforma-se em um elemento de experiência para futuros tentames. Da mesma forma como a enfermidade e a morte não significam fracasso da Medicina, que sempre se apresenta para modificar os quadros dos distúrbios e desgastes orgânicos, prorrogando o período de vida do paciente, o insucesso nos empreendimentos humanos igualmente não se expressa como ausência da fonte poderosa da vontade.

Toda tentativa que não resulta como um sucesso, transforma-se em mensagem de conquista de valor que poderá ser utilizado em nova ocasião, facultando o logro noutro ensejo.

A vontade, por isso mesmo, não cede quando falecem os resultados, repetindo a experiência quantas vezes sejam necessárias até que se colimem os interesses que se têm em mente.

Desenhado um objetivo interior, e de imediato forças complexas apresentam-se para que ele seja conquistado.

Há, entretanto, hábitos arraigados no psiquismo do Espírito, que propelem ao avanço ou facilmente desistem de ser levados adiante. São os antigos fracassos que ressumam dos refolhos do *Self* que, sem estímulos, recua, deixando que aconteça conforme seja mais fácil ou que simplesmente não suceda.

Repetindo-se a tentativa, cria-se o hábito de agir e, por consequência, este se torna elemento vital para a vontade.

Sem uma vontade bem-direcionada não há vida saudável.

3
Tormentos psicológicos

Irritabilidade e violência • Insegurança pessoal
• Desajustes internos

Em face dos graves acontecimentos hodiernos: velocidade das comunicações, sucessão intérmina de ocorrências surpreendentes, tragédias do cotidiano, avanços científicos e tecnológicos, ameaças contínuas de desgraças geradoras de insegurança emocional, o ser humano apresenta-se desestruturado psicologicamente, buscando fugir antes que enfrentar a realidade traumatizante.

Sentindo-se aturdido, procura compensar-se no exagerado culto ao corpo, entregando-se a exercícios complexos e desgastantes de energias valiosas, cirurgias corretoras e estéticas, implantes variados como forma de compensação ao *ego* insatisfeito, dando lugar a mórbidos mecanismos que, se de uma forma propiciam prazer, assinalam também perturbadoramente as emoções, ante os receios inevitáveis que decorrem do processo orgânico degenerativo e do implacável suceder do tempo devorador.

Dietas sem sentido alimentar e destituídas de nutrientes básicos para a saúde ameaçam o equilíbrio psicofísico, instalando graves problemas emocionais como a anorexia, a bulimia, a perda de memória, a irritação e distonias nervosas outras que lentamente se instalam no comportamento do indivíduo, conspirando contra a sua saúde e o seu bem-estar.

A desenfreada busca do gozo, em vez de proporcionar-lhe felicidade, torna-se-lhe fogo-fátuo de rapidíssima duração, deixando ressaibos de amargura e de insatisfação que induzem a novas e ininterruptas ansiedades.

Nessa correria, que se apresenta falsamente como propiciadora de segurança e harmonia, o sexo desvaira e ressuscita os níveis do primitivismo de onde saiu para atender os modismos vigentes, embora a preço de insanidade mental e de total relaxamento dos valores ético-morais.

O absurdo consumo dos alcoólicos e do tabaco, em mecanismos escapatórios ao medo e à ansiedade, favorece o uso desregrado de substâncias alucinógenas e de outras drogas químicas de alto poder destrutivo dos equipamentos neuroniais, que não mais se refazem, infelicitando e degradando.

A apologia da insensatez produzida pela mídia alucinada perverte a identidade do indivíduo, massificando-o e nivelando-o nas faixas do egoísmo doentio assim como da fatuidade.

Não é de estranhar que o número de pacientes neuróticos e psicóticos se faça cada dia mais expressivo, mais avassalador.

Os efeitos dessa ocorrência são de alta gravidade, porque, instalados os distúrbios em pessoas psicologicamente frágeis, prolongam-se, transformando-se em enfermidades de difícil diagnóstico e mais desafiadora terapia.

Ao mesmo tempo, a perda de contato do ser humano com o Si-mesmo, esmagado pelo desconcerto moral que grassa, na sucessão dos escândalos que chocam e logo passam, deixa a falsa ideia que a felicidade é conquista do poder para o prazer e do ter dinheiro para comprar o poder, completando o círculo vicioso da ostentação e da queda, da glória sob os holofotes da ilusão e do imediato olvido nas masmorras do abandono a que vai relegado, bem como do conflito pessoal que surge e o domina.

O quase total desrespeito aos valores humanos, à própria criatura, e a consequente ambição desmedida de amealhar moedas a qualquer preço, afrontam a miséria dos bairros pobres que vomitam nas ruas e avenidas do mundo os seus esquecidos, os seus excluídos, que se armam de violência para tomar pela força tudo quanto lhes foi negado por dever de humanidade.

(...) E o medo se instala na sociedade, em si mesma enferma e inquieta.

Urge que se opere uma mudança ética, a fim de que o indivíduo recupere a sua identidade de cidadão, não mais de vítima explorada, na sua condição de criatura humana, e não mais discriminado por causa da pobreza, da raça, da ideologia comportamental adotada, desde que não fira os direitos dos outros.

Somados a esses fatores psicossociais, socioeconômicos, aqueloutros de natureza espiritual e causal profunda, defronta-se sério desafio para o reajuste da sociedade e para o equilíbrio do ser humano.

Uma proposta psicoterapêutica válida deve ser estruturada no sentido da descoberta do ser integral e da finalidade existencial que pode ser alcançada por todos.

A *cura*, para tais males, deverá processar-se mediante a conscientização do paciente, que descobrirá em júbilo o significado do existir e o caminho a trilhar em consciência de paz.

O amor fraternal como processo de ajustamento impõe-se de imediato, e um novo entendimento da vida se delineia, traçando as diretrizes para serem mantidos o equilíbrio e a harmonia da sociedade.

Irritabilidade e violência

Há uma iniludível herança antropossociopsicológica que predomina em a natureza humana, estabelecendo as diretrizes do comportamento que se expressa através da hereditariedade e dos condicionamentos proporcionados pela educação.

A criatura é o resultado das suas próprias experiências adquiridas no imenso pélago do processo evolutivo, transferindo de uma para outra existência as conquistas que lhe caracterizam o desenvolvimento intelecto-moral.

Na condição de Espírito em crescimento, fixa novas aprendizagens nos patamares construídos anteriormente, sem fugir das suas naturais imposições, que remanescem em aspirações, tormentos, bem-estar ou desequilíbrio.

Sendo o trânsito evolutivo nas faixas do primitivismo o de mais longa duração, os *instintos primários* predominam em a sua natureza, aguardando o concurso da razão e do discernimento para substituí-los por emoções de harmonia, propiciadoras que são de saúde psicológica, mental e física.

Por efeito desse mecanismo inevitável, a irritabilidade e a violência se apresentam com grande frequência na sua conduta, direcionando-a com força e impulsos desastrosos que nem sempre a vontade consegue controlar.

Deambulando sob a ação desse incoercível impositivo, o indivíduo sente-se fragilizado na sua estrutura emocional, produzindo moléculas cerebrais destrutivas que os neurônios liberam sempre que a mente irrequieta e arbitrária experimenta contrariedade. Explodem, então, os impulsos agressivos que se convertem em vulcão destruidor, atirando *magma* diruptivo em todas as direções. A sua sensibilidade torna-se altamente descompensada como decorrência dos conflitos ancestrais que não foram diluídos, a ponto de não conseguirem proporcionar a consciência de paz no seu dia a dia.

Irritadiço, é mordaz e inseguro por constituição temperamental, reagindo sempre antes que seja alcançado pelas agressões que supõe lhe serão dirigidas. Apresenta-se violento, porque oculta o transtorno íntimo, empurrando para longe os perigos que imagina estariam ameaçando-o. A sua linguagem verbal é tempestuosa, marcada pelo cinismo e pela suspeita, enquanto a corporal é tensa, apresentando os músculos rígidos e distendidos, e a mental é desconfiada e autopunitiva. Porque se reconhece rebelde, é inamistoso, assinalado pelo mau humor que o atormenta interiormente.

Vários fatores ancestrais e atuais respondem por essa psicopatologia, cujas nascentes se encontram no primarismo em que estagia e ainda lhe governa as atitudes.

São essas criaturas desajustadas que incendeiam as multidões com as suas teses derrotistas e visceralmente odiosas.

Cultivando excessivo orgulho, que denota permanência na infância psicológica responsável pela insegurança pessoal, investem sempre contra tudo e todos, chegando, não poucas vezes, ao autossupliciamento, quando não podem descarregar a bílis doentia noutrem ou no grupo social em que se movimentam.

Os seus relacionamentos são apressados e desestruturados, a sua conduta sexual é nervosa e insegura, nunca se entregando às emoções em plenitude, exceto quando açuladas pelos instintos agressivos geradores de lutas e competições que esperam sempre vencer de qualquer maneira. Evitam os desportos, porque não são capazes de competir de forma equilibrada, e quando deles se utilizam, têm em mente apenas exibir-se, agredir, vencer de qualquer maneira, compensando os conflitos que predominam no *ego* atormentado.

As diversas terapias acadêmicas propiciadas pela Psicanálise, pela Psicologia Comportamentalista e pela Humanista possuem valioso arsenal de recursos para auxiliar esses pacientes portadores de irritabilidade e de violência, por conseguirem desenraizar-lhes os conflitos do inconsciente, que se exteriorizam na conduta habitual, convidando-os à mudança de comportamento, que é o passo essencial para a aquisição da saúde emocional.

Os métodos ericksonianos igualmente oferecem uma grande contribuição terapêutica para esses como para outros tormentos, que não podem ser desconsiderados, desde a sua apresentação gestual durante a consulta até aos *confrontos estratégicos* com o conflito da irritação e da violência, mediante a apresentação discreta de novas metas que interessem ao inconsciente que se encontra no comando desse mórbido procedimento.

Há sempre uma grave preocupação terapêutica ancestral para a busca do porquê, da origem do distúrbio, o que é muito válido. No entanto, também merece cabido redefinir-se papéis e despertar-se para novas estruturas de referência.

Através do choque emocional, utilizando-se de conduta equivalente, ou indiretamente, mediante criatividade que induza o paciente à conquista da harmonia e dos seus benefícios, deve-se recorrer a narrativas que produzam interesse, nas quais se podem introduzir palavras-chave que serão entendidas pelo inconsciente e logo decodificadas, para erguê-lo ao patamar da razão, do entendimento, da amizade.

Em casos de portadores de esquizofrenia, irritadiços e violentos, provavelmente essa terapia não lhes conceda a saúde desejada, mas lhes pode brindar a contribuição valiosa para uma existência social harmônica, despertando-lhes a afetividade e a motivação, o interesse e a responsabilidade que lhes constituem desafios difíceis de ser assimilados.

No transtorno esquizofrênico, sem dúvida a terapêutica psiquiátrica faz-se relevante e necessária; não obstante a psicológica também possa ser introduzida no momento adequado.

A mudança interna do paciente por meio da conversação que aborda o transtorno sem o enunciar, usando as expressões que normalmente o ferreteiam, mas agora apresentando significados diferentes, como, por exemplo, *louco* e *loucura, amor* e *afetividade, infelicidade e desgosto* em contexto próprio, soarão de maneira salutar no esconderijo do inconsciente onde o mesmo se refugia e de onde poderá ser retirado sem danos para o comportamento.

Descoberto o conflito, a abordagem sugerirá, mediante linguagem própria em *confrontação indireta,* a maneira como o paciente tomará conhecimento da dificuldade, usando-se palavras com interpretação positiva, que irão diluir a fixação perturbadora que as mesmas produziam anteriormente e o levavam à fúria e ao desinteresse pela convivência em sociedade.

Com vagar estabelece-se um lastro de confiança entre o enfermo e o seu terapeuta, que se manterá *a um passo distante,* embora conservando-se seu amigo, e não mais aquele que pretende penetrá-lo com a sonda da inquirição, a fim de descobri-lo no seu esconderijo secreto, onde sua vida se desenvolve com liberdade e sem limitações coercitivas impostas pelo relacionamento social, suas leis e compromissos.

Estabelecidas essas metas prioritárias, o enfermo poderá conquistá-las com segurança, desse modo realizando suavemente a mudança interna das aspirações e abrindo-se a novas experiências saudáveis quanto compensadoras.

Insegurança pessoal

O conceito de saúde é ainda muito defasado entre as pessoas, que sempre o consideram falta de doenças instaladas no organismo ou de transtornos emocionais e mentais estabelecidos e classificados. Não poucas vezes, experimentando-se fenômenos de instabilidade interior, de insegurança pessoal ou de aflições, sem aparentes causas que os justifiquem, não se dão conta do significado desses distúrbios que merecem cuidadosa análise e avaliação, a fim de serem modificados nas suas estruturas fixadas na personalidade, por meio de terapia adequada.

Esse maravilhoso conjunto de fenômenos, que se harmonizam no ser humano, constituído pela *energia pensante*, a *energia modeladora* e a *energia condensada*, constitui um dos mais notáveis contributos da vida no Universo. Poderoso, pelas suas resistências para vencer dificuldades e alterar os panoramas por onde tem transitado, o ser é, ao mesmo tempo, na sua constituição física, frágil, porque pode ter interrompida a existência orgânica por uma picada de inseto contaminado por vírus devastador ou um choque emocional poderá vencê-lo, prostrando-o, em largo estado de paralisia e coma, que lhe anula a lucidez e lhe impede prosseguir nos compromissos que lhe diz respeito atender.

A complexidade do seu mecanismo psicológico vem sendo, a pouco e pouco, penetrada, graças ao que se torna factível auxiliá-lo na solução dos conflitos que o acompanham em forma arquetípica ancestral ou herança espiritual que necessitam ser transmudados de *sombra* para luz. Nesse processo evolutivo, os alicerces do inconsciente vão-se modificando, enquanto novos contributos são oferecidos, a fim de que se possam construir as possibilidades ainda não logradas através do tempo e dos esforços da mente orientada para o bem-estar, o equilíbrio, a saúde real.

Como resultado dessas heranças primevas, alguns *fantasmas* emocionais acossam-lhe a consciência, produzindo a inquietação que trabalha contra a sua harmonia psicofísica, aturdindo-o e dificultando-lhe fruir galhardamente as infinitas possibilidades de alegria e de paz que se lhe encontram à disposição.

Nessa ocorrência surgem estados de aflição, tais a insegurança pessoal, que se converte em timidez ou dela provém, em ansiedade ou medo, que a podem também desencadear, afastando-o dos relacionamentos humanos compensadores e das atividades que o promovem a estágios mais avançados e nobres da vida social.

É natural, e mesmo normal, que se apresentem desafios no comportamento diário, e a pessoa receie não ter condições de os enfrentar de maneira enriquecedora. Toda experiência nova produz impacto que deve ser superado, estimulando ao prosseguimento das atividades. Esse receio lógico, que se fundamenta no desejo de se conseguir vencer e não se encontrar equipado com os recursos hábeis, constitui um fenômeno emocional perfeitamente compreensível. No entanto, essa pertinaz incerteza quanto às possibilidades existentes para a luta, acompanhada pelo autodepreciamento, acreditando-se sem oportunidade de desenvolver novos valores, ao lado do sentimento de inferioridade, são manifestações de conflito que devem ser enfrentadas com decisão, mesmo que se experimentando angústia nas primeiras tentativas terapêuticas.

A existência corporal é ensancha de crescimento espiritual e de aquisição de infinitos recursos iluminativos, que constituem a grande meta da existência humana aguardando ser conseguida.

Superando os patamares inferiores do processo, vão-se conquistando novos níveis de conhecimento e de sentimento, ao tempo que se descobre que, cada passo adiante, faculta mais possibilidade de serem vencidos os novos enfrentamentos.

Uma saudável empatia toma então o indivíduo que se encoraja a prosseguir com altivez, superando os desalinhos interiores, por melhor interpretá-los, não lhes concedendo maior significado emocional e permitindo-se de forma agradável ser possuidor de limites que cumpre superar.

A insegurança pessoal, desse modo, remanesce de vivências atuais – educação no lar mal-orientado, mãe castradora, pai negligente, família desestruturada e vencida por brigas contínuas, nas quais a desconsideração aos diversos membros indu-los à perda da autoestima – e de vivências pretéritas, nas quais a conduta malsã foi característica predominante do *ego* que experienciou abusos do poder, do prazer e do dever, deixando resquícios de culpa insculpidos no inconsciente. Ressumando dos dramas angustiantes que o comportamento anterior produziu em outras existências que ficaram estioladas, o *juiz interior* estabeleceu a necessidade do resgate dos crimes, apresentando-se na atualidade como uma espada de Dâmocles oscilante, e que se encontra presa por delicado fio, prestes a cair sobre a cabeça do *condenado*...

Diante de tal situação, cabe ao paciente uma análise honesta da sua realidade atual e da sua conduta contemporânea, avaliando os recursos que possui, sem autorrecriminação nem autopunição, passando a vivenciar experiências possíveis de serem completadas, ampliando o seu raio de ação moral-emocional através de cujas contínuas vitórias possa adquirir autoconfiança e autovalorização. Não se compadecendo do conflito entranhado nos painéis do inconsciente, irá substituindo-o pela alegria de poder percorrer novos caminhos, conviver com diferentes pessoas e situações de maneira agradável e compensadora.

O eminente Dr. Milton Erickson proporia, certamente, em problemática dessa natureza, a aceitação pelo paciente dos seus valores positivos, ampliando-os, assim ajudando-o a trabalhar as incertezas – valores negativos – por meio da confiança em si mesmo em pequenas doses até alcançar o nível do bem-estar. Essa mudança de conduta mental auxiliaria aqueloutra de natureza emocional, que cederia lugar à alegria de viver intensamente, tornando-o membro ativo e produtivo da sociedade onde se encontra.

Quanto mais alguém foge de um problema, mais difícil se lhe torna equacioná-lo. A melhor maneira de o enfrentar começa no esforço para diminuir-lhe o conteúdo emocional perturbador, nele vendo, pelo contrário, a possibilidade de mais enriquecimento através de uma comunicação injuntiva em relação com a vida.

O que constitui insegurança, incerteza afligente, cabe converter em experiência viva e significativa por meio do esforço para saber-se em condições de triunfar, o que depende exclusivamente daquele que se empenha por consegui-lo.

Desajustes internos

Uma visão neurofisiológica do ser humano poderia afirmar que este é resultado somente das moléculas de neuropeptídeos produzidas pelo cérebro, tais as interleucinas, o interferon, as endorfinas..., cuja contribuição para o equilíbrio psicofísico é de essencial significado.

Por outro lado, os fisiologistas estariam em condições de definir que esses neurotransmissores são essenciais para o funcionamento orgânico e de inumeráveis atividades psíquicas do indivíduo.

Em razão desse mecanismo físico algumas escolas fisiológicas e psicológicas fundamentam a sua tese no reducionismo, no materialismo.

Fosse, realmente a vida, patrimônio exclusivo da matéria e teriam razão. Não obstante, a criatura humana é mais do que o corpo – é o Espírito – no qual se movimenta, independendo da indumentária de que se reveste e através da qual interfere, orientando toda a sua constituição e funcionalidade por meio da mente, que é o instrumento de que se vale para os objetivos existenciais.

O que é considerado como causa unívoca para a existência do ser pensante, em realidade resulta das reações normais dos neurônios sob os estímulos químicos e eletromagnéticos, bem como de outra ordem, procedentes do ser espiritual que assim se expressa para o processo da própria evolução.

Conforme o estágio em que se encontra, os fenômenos que propicia são efeitos da sua ação, mesmo que inconsciente, produzindo os resultados equivalentes à sua posição moral.

Quando se trata de alguém portador de consciência culpada, as neurotransmissões se fazem deficitárias e as moléculas de neuropeptídeos, por escassez ou excesso, produzem distúrbios emocionais ou psiquiátricos correspondentes, exteriorizando-se como psicopatologias específicas.

De igual maneira, os processos de nutrição do organismo se devem à sintetização de substâncias que são ingeridas através dos alimentos, da água e de outros recursos nutricionais, ou mesmo como resultado dos produtos metabolizados pelos tecidos. Para que exista a energia é necessário que as reações de natureza bioquímica realizem a síntese dos elementos que são enviados por esses núcleos de fornecimento. Defrontam-se, nessa conjuntura, duas vertentes de produção energética: a que se deriva da oxidação lenta de todos os alimentos que são ingeridos e as que procedem, vez que outra, das inevitáveis reações bioquímicas.

Quando se está sob transtorno neurótico ou distúrbio de diferente ordem, o organismo exige o consumo de vitalizadores e outros recursos indispensáveis para a manutenção das células. As substâncias que se encarregam de dar começo, continuar e concluir as reações bioquímicas são, portanto, as enzimas. Pela sua constituição tornam-se verdadeiras catalisadoras, permitindo que tudo funcione com eficiência e rapidez.

São elas que cooperam em favor do sistema imunológico, evitando a instalação e proliferação das doenças.

A vida mental, decorrente da conduta moral, é de relevante significado para o binômio doença-saúde, porquanto, dessa usina de forças procedem as energias que harmonizam ou desequilibram a maquinaria que irá produzir os elementos vitais para a preservação da sua realidade temporal.

Naturalmente, a preponderância da hereditariedade com as cargas necessárias à depuração do ser reencarnado, as sequelas das enfermidades infectocontagiosas constituem elementos dominantes para a ocorrência de distúrbios emocionais, psíquicos e as degenerescências físicas. Esses acontecimentos, porém, expressam-se como decorrência dos impositivos que proporcionam o progresso espiritual em cuja fatalidade todos se encontram.

São esses requisitos que elaboram a constituição do temperamento – calmo ou agitado, suspeitoso ou confiante, introvertido ou extrovertido, jovial ou pessimista – que favorecem o surgimento das tendências – artísticas, religiosas, filosóficas, culturais, elevadas, perversas, ativas ou indiferentes –, determinando o caráter e os sentimentos de cada indivíduo. Não obstante, quando alguém reconhece essas possibilidades que lhe são inatas, pode alterar profundamente as manifestações negativas, tornando-as enobrecidas, e as positivas, transformando-as em ideais de plenitude, facultando-se a produção de neuropeptídeos que irão cooperar para o logro em pauta, como resultado da elevação mental para alcançar o objetivo a que se propõe.

Diante, pois, de quaisquer distúrbios emocionais, o esforço mental do paciente para um novo direcionamento das aspirações enobrecedoras torna-se-lhe urgente, o que lhe abrirá campo de realizações superiores, cada vez de mais fácil execução como consequência da vitória sobre os impedimentos iniciais. O mesmo ocorrerá no extraordinário metabolismo realizado pelas enzimas.

O mau hábito da queixa contumaz, da reclamação constante, do pessimismo, estimula a produção ou redução de neuropeptídeos que desorganizarão as sinapses e desestruturarão a neurotransmissão, a prejuízo da saúde emocional, por extensão, para o surgimento de uma disfunção metabólica. De maneira equivalente, a esperança e a oração, a alegria e o cultivo de ideias dignificantes, estimuladoras, produzem o reverso, favorecendo com harmonia, saúde e bem-estar de longo curso.

Emergindo do *inconsciente coletivo,* no qual estão inscritas as realizações individuais – *inconsciente pessoal* –, heranças das reencarnações anteriores, o ser espiritual sintetiza as necessidades e descobre as possibilidades de que dispõe para corrigir os distúrbios internos, que são as consequências morais das desarmonias psicológicas ancestrais e dos descalabros emocionais que se permitiu.

Em qualquer processo, portanto, de distúrbios psicológicos, encontrando-se em reparação o Espírito endividado desde anteriores experiências carnais, os antidepressivos e outros medicamentos poderão ajudar, mas o – a conquista da saúde real – somente será possível quando o *Self,* na condição de fonte irradiadora de energias, produzi-las favoráveis à legítima cura.

4
REALIZAÇÃO INTERIOR

INDIVÍDUOS INTROVERTIDOS E EXTROVERTIDOS
• COMPLEXO DE INFERIORIDADE • FUGAS DA REALIDADE

Ante os desatinos que assolam a sociedade, levando a criatura a tormentosas inquietações, evocamos o conceito do eminente psicanalista Sigmund Freud, quando estabeleceu que os indivíduos vivem à busca do *prazer*, especialmente aquele que decorre do conúbio sexual, mas que a *realidade* lhe impõe limite à capacidade de satisfazê-lo, e que parece indispensável. Esses dois princípios – o do *prazer* e o da *realidade* – seriam, pois, fundamentais para a interpretação da pessoa humana, auxiliando-a a compreender as próprias dificuldades quando na busca da sua realização.

Por outro lado, o seu discípulo dissidente, Alfred Adler, asseverou que a sociedade sofre de um pesado sentimento de inferioridade, e que, para realizar-se compensando esse *complexo de inferioridade,* procura alcançar o poder a qualquer preço. Ao atingir qualquer patamar de poder cada um se sente realizado, superando, portanto, o sentimento de inferioridade.

Freud, portanto, dava ênfase à busca da realização externa, enquanto Adler valorizava a de natureza interna.

Sem dúvida, há um grande desafio convidando o ser à autorrealização, que somente poderá ser conseguida mediante o descobrimento da sua realidade e dos seus valores, de forma que, ao identificar as próprias conquistas e deficiências, deverá trabalhar aquelas que lhe pesam perturbadoras no comportamento, a fim de melhor poder vencê-las.

Faz-se, então, imprescindível, concomitantemente, a serena observação do mundo externo, para avaliar as aspirações que acalenta, o significado existencial em que se encontra, o que lhe proporcionará, por consequência, alegria, prazer, felicidade, para sentir-se motivado a lutar, sem cuja conquista a existência não lhe terá significado.

O indivíduo possui estrutura psicológica para suportar qualquer perda, menos a do sentido existencial, porque, sem o seu estímulo, desaparecem a razão de viver e as metas a alcançar.

Todos devem anelar por conseguir objetivos mediante o conhecimento, o poder, a lucidez e outros diversos recursos, de modo a superar os impedimentos internos, afligentes, no caso, qualquer que se apresente como decorrência do *complexo de inferioridade*. Diante dos limites impostos pela realidade, porém, que considera a exaltação perturbadora da posse como secundária para a vida, encontrar-se-á o auxílio interior para o enfrentamento das necessidades reais.

É comum àquele que padece do conflito de inferioridade acreditar que a festa bulhenta que tanto atrai os extrovertidos constituir-lhe-á a forma de felicidade que almeja conseguir. Nada obstante, os introvertidos veem nessas festas ruidosas nada mais que tormentos e dificuldades para a sua necessidade de interiorização.

Somente uma postura de equilibrado discernimento entre as fantasias externas e barulhentas e as fugas interiores sem sentido pelo receio de enfrentar a realidade é que poderá dar-lhe a dimensão do que é fundamental ou não para a alegria de viver.

Indivíduos introvertidos e extrovertidos

O insigne mestre vienense, ao descobrir o poder de predominância do *complexo de Édipo* e, por extensão, do *de Electra, do narcisismo,* no comportamento humano, remontou à força das ocorrências mitológicas clássicas nas existências dos indivíduos masculinos e femininos, facultando-se a centralização do pensamento na *libido* como de fundamental importância para a compreensão da conduta psicológica e da realidade psíquica de cada ser. Estabeleceu, por consequência, um verdadeiro dogma centrado no sexo, não abrindo espaço para outra interpretação, que não aquela proposta, tornando-se essencial para a compreensão das graves psicopatologias humanas.

Havendo, porém, estudado uma variedade mais ampla de matérias, diferentemente de Freud, Jung preferiu avançar por outras áreas, adentrando-se na análise de outros instintos que contribuem para a formação da personalidade e para a exteriorização do comportamento. Concluiu, nessa análise, que nenhum deles mantinha uma predominância sobre os demais, como no caso daquele de natureza sexual, acreditando simultaneamente que havia no ser uma predestinação – a *psique* – encarregada de orientar o rumo das existências humanas.

Assim concluindo, identificou o liame entre ambos – o instinto e a *psique* – que seria responsável pelas expressões nobres ou vis no historial das experiências humanas. Para tanto, recorreu ao conceito dos *arquétipos* existentes no inconsciente coletivo, cujas forças diversas conduzem os indivíduos, nunca as reduzindo a uma só e de natureza exclusiva como pensava Freud. Ainda seguindo o mesmo raciocínio, estabeleceu que eram esses *arquétipos* constituídos por *estruturas eternas,* que a mente pode decodificar para exteriorizar-se em forma de comportamento na realidade objetiva. Desse modo, postulou que existe reduzido número de biótipos humanos de natureza eterna, assim apresentando a tese fundamentada na existência de seres *introvertidos* e *extrovertidos.*

Quando o indivíduo avança no rumo do mundo exterior é considerado *extrovertido,* e quando o realiza no sentido inverso, torna-se *introvertido.* O primeiro é portador de uma atitude primária em relação à vida, enquanto o segundo mantém uma postura elementar interiorizada.

Todo indivíduo, desse modo, possui intimamente as duas opções, podendo mesmo movimentar-se entre ambas. Nada obstante, sempre escolhe uma delas para a manutenção do seu comportamento, no qual extravasa as suas necessidades emocionais.

O *extrovertido* prefere o meio agitado, barulhento, no qual se encontra em perfeita identidade, diferindo do *introvertido* que opta pelo silêncio, como essencial para a recuperação das forças e a renovação das atividades a que se dedica. São diferentes na conduta e movimentam-se em áreas mui diversas. Aquilo que a um agrada ao outro desgosta, excetuando-se quando ocorrem situações especiais que os movimentam transitoriamente no rumo oposto ao habitual, logo retornando ao comportamento básico.

Jung concluiu, então, que para a expressão de uma como de outra conduta, são essenciais o sentimento e o pensamento, constituídos por estruturas diferentes da personalidade, expressando formas independentes para cada qual, que se pode tornar extrovertido ou introvertido. Além dessas expressões internas, o indivíduo possui também a *sensação* e a *intuição*. A *sensação* resulta das informações que se exteriorizam através dos órgãos dos sentidos, sendo tudo aquilo que é percebido de maneira física, enquanto que a *intuição* resulta das informações que procedem do inconsciente, sem a necessidade do contato com as sensações.

Classificando em quatro essas funções, situa o indivíduo no mundo objetivo, elucidando, no entanto, que a sensação e a intuição são *funções perceptíveis*, usadas pelo sentimento e pelo pensamento encarregados de decodificá-las e classificar todas as informações adquiridas que o sentimento atribuirá significado e valor específicos.

Da mesma forma, o sentimento e o pensamento são considerados como *funções racionais*. A sensação e a intuição, no entanto, passam a ser denominadas como *funções irracionais*, constituindo mecanismos de acesso ao mundo externo para que o pensamento e o sentimento possam agir.

Analisando-as com cuidado, conclui-se que as funções são essenciais à vida do ser humano. Ao denominar algumas como *irracionais*, não o fez com o objetivo de as subestimar, pelo contrário, o de demonstrar-lhes o automatismo através do qual se expressam e que se faz independente da razão.

Analisando a função da *intuição* proposta por Jung, somos, entretanto, de parecer que a mesma procede do *Self*, como percepção que abre as portas da paranormalidade para a aquisição dos conhecimentos que independem do sentimento, do pensamento e da sensação. Não estabelecida no cérebro, transcende-o, sendo por ele identificada e transferida para o mundo exterior, logo se apresentando de maneira inusitada, inabitual, inesperada.

Não raro, a característica do ser *introvertido* é a distração, o *estado alfa*, em que as circunstâncias externas não são significativas, muito comum em homens como Newton, Einstein e outros, que têm dificuldade de adaptação ao mundo denominado do *senso prático*. Quase sempre dependem das mulheres, o que os leva a sonhos nos quais se sentem devorados por elas...

No que diz respeito ao homem de pensamento extrovertido, constitui um biótipo que se vincula a regras estritas de comportamento, tornando-se excelente amigo, o que não ocorre quando é o sentimento que predomina na sua conduta, deixando a impressão de frivolidade, de irresponsabilidade, sentindo-se completamente à vontade nos ambientes festivos e barulhentos.

A função intuitiva, para Jung, é aquela que proporciona à pessoa a visão do futuro, a percepção de ocorrências que lhe podem ser úteis, não demonstrando maior interesse pelas coisas e acontecimentos atuais à sua volta, nem mesmo do passado, mas sim, pelos porvindouros. Se é extrovertido, sente-se realizado ao conceber e propor ocorrências que se deverão dar, tornando-se pioneiro, idealista, no entanto, sem demonstrar maior interesse por concretizá-las no mundo objetivo. Tratando-se de um intuitivo introvertido, parece-se com um profeta – nele se manifestam os *dons espirituais* – e se comporta de maneira especial. Em geral, os tipos introvertidos são desinteressados dos valores externos, das moedas, das relações que passam pela sua estrutura emocional, avançando no rumo das suas aspirações internas.

A partir da análise dos tipos psicológicos, Jung montou toda a sua doutrina, sendo aí o ponto inicial das suas pesquisas centradas no *inconsciente coletivo,* responsável pelas heranças antropossociopsicológicas do ser humano.

COMPLEXO DE INFERIORIDADE

Nos refolhos do *inconsciente individual* do ser estão registrados todos os acontecimentos referentes às existências transatas do Espírito em processo de evolução. Suas lutas e glórias imprimem-se como conquistas inalienáveis de vitórias sobre as paixões e os limites que o tipificam, impulsionando-o a avanços mais significativos. Da mesma forma, suas quedas e fracassos, seus compromissos não atendidos e deveres transformados em desequilíbrios, que o levaram a comprometimentos infelizes, deixando marcas de desaires e perturbações na retaguarda, fixam-se-lhe nos painéis delicados, que ressumam nos novos mecanismos de crescimento como conflitos e complexos, ora de superioridade, quando foram positivos, ora de inferioridade, quando negativos, assinalando-o de forma grave, que o atormenta, no último caso, e, às vezes, o conduz ao desvario.

Quando se apresenta como complexo de superioridade, o distúrbio é de menor monta, podendo ser melhor trabalhado com uma psicoterapia apropriada, e vencida a situação sem maior desgaste psicológico, porque facilmente descobre a própria fragilidade ante as ocorrências existenciais e os acontecimentos cotidianos.

No que diz respeito ao complexo de inferioridade, o distúrbio é mais grave e apresenta-se como manifestação psicopatológica que requer cuidadoso trabalho psicoterapêutico.

As causas preponderantes, que se encontram no passado espiritual, agora ressurgem como fatores familiares e sociais que muito contribuem para o surgimento do complexo de inferioridade, sua fixação no imo do ser, que tanto aflige inúmeros indivíduos.

Os membros dos lares desajustados e perversos, normalmente elegem alguém na família para descarregar a pesada carga dos seus conflitos e infortúnios, elaborando mecanismos de perseguição, às vezes inconscientemente, repudiando algum dos seus parentes e atirando-lhe epítetos pejorativos, sistemática aversão, particularmente se é alguém introvertido, que não participa da algaravia nem dos distúrbios gerais.

Mantendo-se em reflexão ou em silêncio por falta de espontaneidade ou incapacidade de comunicação, é espicaçado e ferido nos seus sentimentos, introjetando as agressões e passando a vivenciar os sentimentos de inferioridade. Noutras vezes, os grupos sociais, vitimados pela *sombra coletiva*, em forma de hórrido preconceito racial, religioso, político, econômico, agridem aqueles a quem não aceitam, neles desenvolvendo esse mecanismo de fuga e de autopunição, que os tornam realmente inseguros nessa comunidade hostil onde se encontram, evitando-a e deixando-se perturbar pela situação afligente.

Permanece, dessa maneira, exposto pelas *Leis da Vida* ao escárnio, real ou imaginário, como processo de reparação dos abusos praticados, enquanto é convidado à autossuperação, caso invista na mudança de compreensão da realidade e dos critérios humanos, avançando no trabalho pela conquista de valores intelectuais, morais e profissionais.

Quando se dedica a *provar* que é digno e laborioso, consegue destacar-se com brilhantismo em todos os empreendimentos a que se afervora, realizando um grandioso empenho para a libertação da *chaga psicológica*, harmonizando-se e desenvolvendo a *individuação*.

Para o cometimento da *individuação*, porém, isso não lhe basta, tornando-se-lhe necessário bem administrar as funções diversas do sentimento, da sensação, da intuição e do pensamento até conseguir a harmonização.

Seria de crer-se que o tipo introvertido seja mais afeiçoado à função intelectual e que o extrovertido é mais afeito à sensação, o que constitui realidade. Todavia, há certa predominância dessas funções nesses indivíduos que irão trabalhar as demais para alcançarem a meta da sua *individuação*, e que são rotas variadas que podem e devem ser percorridas com interesse e cuidado para o logro em pauta.

Uma observação espírita sobre a questão auxiliará no entendimento dessa busca de *individuação* ou plenitude, arrancando do *inconsciente coletivo*, em todos existente, apenas aquelas situações tipificadoras de cada ser, que as conserva no seu *inconsciente pessoal* como conteúdo cármico, que lhe está exigindo correção e desenvolvimento útil.

O tipo introvertido sofre a função pensamento atormentado, que o considera indigno de viver ou de fruir as bênçãos que se encontram diante da mesa farta da Humanidade e se lhe apresentam escassas ou impossíveis de serem experimentadas.

A *consciência de culpa* que o atroa deve ser liberada pela função pensamento, rebuscando os fatores causais, que não serão facilmente detectáveis, assim adquirindo novos desenvolvimentos que oferecem segurança e dão valor existencial à sua forma de ser.

Ninguém nasce, na Terra, na atualidade, como uma *tela em branco,* na qual se irão registar futuros acontecimentos. O *Self* não é apenas um *arquétipo*-aptidão, mas o Espírito com as experiências iniciais e profundas de processos anteriores, nos quais desenvolveu os pródromos do *Deus interno* nele vigente, em face da sua procedência divina desde a sua criação. É natural, portanto, que possua heranças, atavismos, reminiscências, *inconsciente coletivo* e *pessoal,* em face do largo trânsito do seu psiquismo no processo evolutivo ao longo dos milênios. Herdeiro de si mesmo, o *Self* é mais que um *arquétipo,* sendo o próprio ser espiritual precedente ao berço e sobrevivente ao túmulo.

Com esse conceito, entender-se-á melhor todos os mecanismos conflitivos e as aspirações libertadoras que caracterizam o ser pensante.

Fugas da realidade

No início da sua *individuação,* o ser humano pouco discerne sobre o que é a realidade. Nele permanece uma vaga percepção do que é real em relação ao que é imaginativo. Vivenciando mais a sensação, que lhe predomina no comportamento, o pensamento que o convida à reflexão, o sentimento que se expressa de acordo com o nível de consciência e a intuição que o capacita para voos mais elevados, aturdem-no nas faixas dos desejos tormentosos ou nas frustrações, quando os mesmos não são realizados.

Inconscientemente, dá campo a fugas da realidade apoiado nos conflitos que defluem das experiências transatas, procedentes de outras reencarnações, buscando complementação para o de que sente falta, nos jogos futuristas da ilusão ou na entrega sem relutância aos apelos angustiantes do prazer hedonista, da libido desenfreada...

Diversos mecanismos de fuga da realidade se lhe apresentam convidativos, desde a transferência de culpa à introjeção das responsabilidades, à projeção da imagem deteriorada, à complementação fantasiosa, e sucessivamente...

Mediante esses mecanismos perturbadores derrapa em transtornos neuróticos que mais o afastam da realidade, levando-o a fixar o pensamento em detalhes maltrabalhados do seu desenvolvimento psicológico, que apresenta saídas de escape para evitar o enfrentamento consigo mesmo, com a realidade que é, e que mascara com a *sombra* individual de que se utiliza para ocultá-lo.

Fixa-se, nessa fuga da realidade, a preconceitos injustificáveis, permite-se o cultivo de superstições escravizadoras, apoia-se em *muletas psicológicas*, de maneira que as preocupações com formas e fórmulas comportamentais impedem-no de ser legítimo, autêntico, na exteriorização pessoal.

Quantos transtornos neuróticos, dessa atitude decorrentes, se instalam no comportamento, levando o paciente a um *locus* de dominação ambiental, ou de controle geométrico, ou de conduta desorganizada, ou de cálculo matemático?!...

Repete as ações automaticamente, sem que se dê conta, inquietando-se e insistindo nelas até se conscientizar de haver agido corretamente.

Ao se deitarem, por exemplo, apresentam-se-lhes dúvidas a respeito de haver ou não fechado a porta da rua, desligado o aparelho de televisão ou outro qualquer, e enquanto não forem verificá-lo, não conseguem adormecer.

Outros procuram objetos que estão com eles mesmos, que se encontram no corpo e desesperam-se buscando óculos que foram postos na testa, chaves de automóveis que se encontram na mão, ou que se preocupam em demasia por algo insignificante, mas que se lhes afigura de alta relevância!

São fenômenos psicológicos que traduzem fugas da realidade, produzidos por estresses e medos de enfrentamentos com o Si profundo.

Noutras vezes, tudo quanto acontece de desastroso em torno deles ou de referência à sua pessoa, autoculpam-se, assumindo a responsabilidade que não a têm, por não haverem pensado nesse insucesso, ou porque negligenciaram providências mediante as quais poderiam ter evitado a infeliz ocorrência. Sofrem com essas situações, não se desculpando a irresponsabilidade, quando tudo isso está apenas no seu conflito íntimo perante a realidade.

Acompanhando espetáculos teatrais, cinematográficos, novelas ou dramas do cotidiano, introjetam o sofrimento das personagens que lhes parecem com as próprias existências, passando a viver os transtornos depressivos daqueles mitos, a que se entregam, infelizes e amargurados...

Comumente ocorre com outros pacientes o processo de transferência de culpa, através do qual acusam outras pessoas, atribuindo-lhes a responsabilidade pelo que lhes acontece de desagradável ou perturbador. E quando escasseiam esses responsáveis, logo direcionam a acusação para os governos, para o tempo, para a Natureza, para Deus...

Quando são portadores de debilidade orgânica, aplaudem os fortes e agressivos que realizam aquilo que não podem conseguir pela violência e perversidade; se trabalhando valores ético-morais de alto porte que os desafiam, assumem atitudes puritanas, tornando-se severos perseguidores dos outros, que vigiam com impiedade, imputando-lhes culpa nos atos mais simples que são vivenciados, porque lhes apresentam no íntimo com características de torpeza moral.

A *individuação* é um convite severo ao ser humano, que deve aprofundar reflexões em torno da sua existência como ser real e não imaginário ou fugaz, que é construtor das próprias realizações e que responde pelas consequências mórbidas da conduta irregular.

A necessidade de cuidadosa psicoterapia se impõe nesses casos, auxiliando o paciente a autodescobrir-se, a identificar as heranças pretéritas que assomam do inconsciente individual com caráter punitivo, e das quais busca libertar-se mediante essas fugas espetaculares, inconscientemente elaboradas, mas que se lhes tornam dominadoras no dia a dia existencial.

Cada vez mais se apresentam oportunas algumas das teses do admirável Maslow, que identificava a sociedade média como autorrealizada, não escrava de posses e valores externos, nem necessitada de agradecimentos quando nos seus melhores e mais fecundos momentos históricos. Naturalmente, a diversidade dos indivíduos que a constituem, conduz à convicção de que, não obstante as diferenças registadas em suas personalidades, sempre são portadores de anseios por uma vida feliz, embora as diversas maneiras de apresentar essa necessidade. Mesmo aqueles que não conseguem a autorrealização, são capazes de propor esquemas idênticos de busca e de comportamento.

Essa conclusão oferece uma perspectiva de realidade mais factível, em razão de auxiliar o *ego* a bem sincronizar-se com o *Self*, ou seja, proporciona uma agradável contribuição psicológica para que os anseios existenciais sejam compatíveis com as estruturas internas de cada qual, que assim conseguirá a autoidentificação.

A necessidade de superar a ilusão, de vencer a fuga da realidade, mediante bem orientada psicoterapia, conduzirá o paciente a descobrir quem realmente é e quais são legitimamente os objetivos existenciais que deve buscar. O impositivo do vir a ser desenha-se-lhe, nesse período, como a meta a alcançar. Entretanto, como fazer, e como dispor-se a essa conquista que parece, à primeira vista, sobre-humana?

A psique humana é, por demais, complexa, para ser abarcada de um só golpe, conquistada de uma só vez. Faz-se necessário, portanto, harmonizar o sentimento com o pensamento, a sensação com a intuição em um processo de identificação de valores de que cada qual se constitui, a fim de que se realize a *individuação*.

Como no inconsciente humano coletivo encontram-se as páginas vivas da História, as personalidades-símbolo da Humanidade, é possível a verificação de possibilidades, mediante a adoção de vultos-modelo que deverão ser seguidos pelo alto significado que possuem no íntimo de cada pessoa.

O esforço desprendido pelos indivíduos para atingirem esses modelos humanos, em razão da sua integridade, da sua grandeza, da sua capacidade de sacrifício, de honradez, de luta, torna-se-lhes a força que os impulsiona para conseguir a autorrealização, aquilo que os harmoniza e tranquiliza.

Superando a *sombra* e vencendo outros arquétipos aflitivos, liberta-se da *personalidade-mana*, aquela que é rica de fantasias, de misticismos, de crendices, não a transferindo para outrem, que passaria a ser o *guru* em quem projetaria as suas necessidades, impedindo-se de ser feliz.

Embora pareça que a depressão periodicamente encontra-se ao lado do equilíbrio emocional, apresentando-se em rápidos ou mais demorados estágios, qual aconteceu com Sócrates, Platão, Stuart Mill, Coleridge, Tolstoi, apenas para citar alguns, essa harmonização do *ego* com o *Self* responde pela autorrealização, evitando as fugas da realidade, sem conflitos nem perturbações da conduta.

A viagem na busca da identidade, da *individuação,* conscientiza o ser de que para alcançar a luz é necessário superar as trevas que frequentemente surgem pelo caminho, as heranças inevitáveis dos comportamentos pretéritos...

Desse modo, os indivíduos tornam-se mais seguros de si mesmos, portadores de melhores recursos na saúde, robustecidos de forças para enfrentar vicissitudes e ocorrências agressivas, não derrapando para o fosso da desistência da luta ou para o envolvimento nos tecidos fortes e sombrios da amargura.

O *Self* é possuidor de recursos desconhecidos e inestimáveis, e, desde que penetrado conscientemente, pode arrancar o indivíduo do fracasso e erguê-lo para o triunfo, sem deixar marcas aflitivas e inseguranças quanto ao futuro que lhe está reservado.

Esses indivíduos, que passam pelas experiências amargas, não se impedem de sofrer mais asperamente as situações e as ocorrências, no entanto, mais facilmente se libertam das injunções afligentes para se transferirem aos patamares da realidade a que aspiram, tranquilos e ditosos.

Somente através do enfrentamento da realidade é que o *Self* proporciona paz a si mesmo, tornando o indivíduo realmente pleno.

5
Enfrentamentos

A CONSCIENTIZAÇÃO DOS ARQUÉTIPOS PRIMORDIAIS
• A LUTA CONTRA AS PAIXÕES PRIMITIVAS • O VIR A SER

A maturidade psicológica induz o ser humano aos enfrentamentos sucessivos do seu processo de individuação.

Torna-se-lhe imperioso mergulhar no inconsciente individual, a fim de descobrir-se e verificar as possibilidades de crescimento que se lhe encontram acessíveis, para os grandes momentos de transformação interior.

Jazem, nesse inconsciente, os fantasmas perturbadores, em forma de medo, ansiedade, insatisfação, insegurança, que o sitiam, a cada passo, dificultando-lhe o desabrochar dos sentimentos saudáveis.

Por outro lado, ali se encontram vibrantes as heranças que procedem de velhas crenças, ora superadas pela razão, mas que ressurgem e assomam em forma de perigosos adversários, que induzem às fugas espetaculares da realidade.

No *Bhagavad Gita*, Krishna adverte o discípulo Arjuna quanto à necessidade de combater os vícios, esses adversários terríveis que vivem no imo e impulsionam ao crime, à loucura. *Parentes* das virtudes, dos valores dignificantes, eles devem ser enfrentados com coragem e valor em batalha contínua no campo da consciência. O príncipe *pândava*, porém, reluta em destruir esses *familiares* que, de alguma forma, constituem o seu clã e fazem parte da sua vida. Nada obstante, o *guru* explica-lhe que a sua maturidade, a sua idade adulta exige esse sacrifício, por mais rude se lhe apresente.

O jovem não tem alternativa, senão lutar, enfrentar as imperfeições morais que lhe tisnam o caráter e entenebrecem os sentimentos.

Essas heranças que procedem dos *instintos primários* evoluíram e ressurgem como luxúria, ambição desmedida, volúpia, ódio, ressentimento, posse, desejo, todos geradores de profundos conflitos internos, que explodem em comportamentos alienadores.

É um empreendimento valioso detectar-se inimigos e desafios externos, convidando a lutas extenuantes e intérminas. No entanto, essa visão algo deformada da realidade resulta somente da transferência dos conflitos interiores, que o ser recusa enfrentar, assim tornando a sua uma tarefa mais ingrata, senão impossível de ser levada adiante com o êxito que seria de desejar.

Escamoteando-se os tormentos internos sob alegações não justificáveis, sugerem a paisagem humana como responsável por eles, quando se deveria assumir a coragem de responder pela sua existência originada nas experiências infelizes.

A explicação de que vêm dos outros, que perturbam e assaltam a paz de cada ser, possui mecanismos masoquistas, que permitem a autocomiseração, a autocompaixão, a infelicidade no seu dia a dia.

A autoconscientização, entretanto, constitui um passo avançado no terreno da saúde emocional e psíquica, trabalhando em favor da saúde orgânica.

Toda vez que alguém foge de um enfrentamento psicológico, encontrá-lo-á adiante mais desafiador e mais enraizado no *Self*, aguardando solução equilibrada.

Cada dia, os avanços da evolução oferecem mais amplas possibilidades de conhecimento, mas também maior soma de desafios para adaptação, para superação de hábitos, para entrosamento.

As personalidades frágeis, que se acostumaram ao *status quo*, relutam para manter a existência nos velhos padrões, evitando assumir a nova realidade, refugiando-se, portanto, na *sombra* e perdendo a claridade que advém do autocrescimento, da vitória sobre as paixões afligentes.

Os enfrentamentos, desse modo, são campos de luta, nos quais o ser cresce e desenvolve os inestimáveis recursos adormecidos no *Self*, que se encontram à sua espera para oferecerem a contribuição da paz do *Nirvana*.

A CONSCIENTIZAÇÃO DOS ARQUÉTIPOS PRIMORDIAIS

Procedendo-se a uma análise comparativa a respeito do inconsciente coletivo ou *psique objetiva* com a erraticidade espiritual, encontrar-se-ão os arquétipos primordiais junguianos e outros, que seriam resultado das multifárias reencarnações do *Self*. Nesse reservatório profundo, demoram-se no inconsciente individual os registros daquelas experiências que ressumam como imagens arquetípicas em representações do que foi antes vivenciado, mescladas aos conteúdos psíquicos da atual vilegiatura física.

Ressurgem nos sonhos, como personificações de gênios, santos, fadas, nas representações do pai – o herói – e da mãe – a fada madrinha, a bruxa –, avultando-se em outras expressões perturbadoras, que a *imaginação ativa* pode liberar por meio de psicoterapia bem-orientada para a conscientização.

Esses registros nas camadas mais profundas da psique volvem nas reproduções oníricas e podem tomar corpo quando não analisadas corretamente, assumindo estados graves de transtorno psicótico agudo. Desse modo, qualquer complexo no comportamento pessoal que se avulta, é resultado de uma matriz arquetípica no inconsciente coletivo, herança de ações ignóbeis perpetradas pelo *Self,* o *Homo totus,* na vivência ancestral.

Esse mergulho para a ampliação da imagem arquetípica produzirá associações equivalentes, facultando ao *ego* experienciar as conexões sem perder-se no abismo dos conteúdos não identificados. Faz-se necessária, desse modo, uma vinculação profunda com o *Self,* que adquirirá maior conscientização dos relacionamentos indispensáveis com o seu núcleo na psique.

A *anima/animus* ou *alter ego* é também o resultado dos impulsos e tendências que foram rejeitados pela família e pela sociedade, que se aglutinam, formando imagens que permanecem na superfície do inconsciente pessoal. Quando, em qualquer circunstância, uma porção de um par de opostos é conscientizada ou apresentada à *luz* do discernimento, a outra, a que não foi aceita, *desce* e, numa metáfora, transforma-se em *sombra* no inconsciente.

A *sombra* tormentosa, que resulta da *consciência de culpa* ou do desconhecido, tudo aquilo que é ignorado ou rejeitado com severidade, quando conscientizada, transforma as heranças instintivas em atos racionais, que irão contribuir para a formação de atitudes saudáveis, descomprometidas com as fobias e os receios, que se ocultam ou se desvelam nas diferentes formas de complexos...

À medida que os sonhos se apresentam liberando as imagens arquetípicas arquivadas, o paciente, mediante a *imaginação ativa,* decodifica as informações e atualiza os seus conteúdos para os aplicar corretamente no seu cotidiano.

Enquanto a consciência recusa-se aceitar os desafios ocultos nos refolhos do ser, mascarando as dificuldades e conflitos em aparências distantes da realidade, maior se faz a pressão desses conteúdos sobre o *ego*, perturbando-lhe o comportamento.

Da mesma forma, esses resquícios da *anima/animus* merecem considerações lúcidas, de forma que sejam identificados com heranças de vivências em reencarnações transatas, que não foram absorvidas como deveriam pelo Si *profundo*.

No processo da evolução e, por todo o sempre, o Espírito é assexuado, experienciando as duas polaridades – responsáveis pela perpetuação da espécie humana –, nas quais a vigência de hormônios específicos encarrega-se de desenvolver aptidões ora físicas, morais, intelectuais, ora emocionais diferentes, a fim de realizar a *individuação* plena, desse modo, sintetizando os valores que decorrem de ambos os sexos em uma totalidade harmônica.

Um Espírito que se haja reencarnado por diversas vezes na masculinidade e, subitamente inicie experiências femininas, apresentará uma anatomia constituída pelos implementos correspondentes; no entanto, o seu será um psiquismo *animus*, mediante o qual revelará as potências acumuladas, que o propelem a atitudes masculinas, não obstante a sua constituição fisiológica feminil.

Nos casos opostos, o ser masculino herdará as experiências femininas, dando vitalidade à *anima*, que predominará em seus conteúdos psicológicos.

É muito provável que esse *animus / anima*, em supremacia psíquica sobre a organização anatômica, faculte ao indivíduo identificar-se como seu oposto em outro ser cuja organização fisiológica seja diversa da sua exteriorização psicológica.

Graças a essa identificação dos conteúdos arquetípicos, o homem, no uso de suas funções, mas de aparência frágil e compleição emocional gentil, em quem a *anima* se encontra prevalecente, irá vincular-se a uma mulher cujo *animus* desempenhe um papel de comando na área da personalidade e dos relacionamentos. O oposto também é real, pois que da mesma gênese, e de consequências idênticas.

Sem qualquer prejuízo para a saudável convivência sexual, os arquétipos complementam-se, produzindo harmonia, o que se torna perturbador, quando essa identificação não é levada em conta e a atração é mais física do que psicológica...

O malogro de muitos relacionamentos na área da afetividade tem a sua psicogênese nesse comportamento desidentificado que existe entre os parceiros, que se sentem defraudados nas suas aspirações inconscientes de equilíbrio e complementação emocional.

A integração dos conteúdos *anima / animus*, parcial que seja, proporciona melhor capacidade para lidar com a realidade das demais pessoas, tanto quanto da própria psique.

Multiplicam-se os casos nos quais as parcerias psicológicas são responsáveis pelos sucessos e desastres emocionais entre os indivíduos.

A conscientização da necessidade de conviver com pessoas que preencham as lacunas emocionais que existem na afetividade, auxiliará com segurança os relacionamentos humanos exitosos.

Enquanto a alma encontra-se encarnada projeta a *persona*, responsável pelo *ego*, sendo que o *Self* constitui a individualidade imortal.

Ao introjetar o conhecimento em torno das aspirações e objetivos existenciais, o ser enriquece-se enfrentando, além dos arquétipos ou imagens primordiais, todos aqueles incontáveis do seu dia a dia, no processo de amadurecimento e de desenvolvimento psicológico.

A *imaginação ativa*, examinando as ocorrências oníricas e relacionando-as com os acontecimentos do passado, próximo ou remoto, liberará parte do inconsciente pessoal, que ampliará o campo da razão e da lógica na consciência para novas afirmações e conquistas.

O ser humano é o legatário dos seus pensamentos e atos, que o acompanham fora do corpo, e que ressurgem nos instintos mais primários, qual ocorre com a vespa cavadora (Ammophilas), que prepara o recinto para a procriação, cavando um reduto durante várias semanas e cobrindo-o com um pequeno grão de terra. Logo depois voa, procurando uma larva que, após massagear e picar, conduz ao local onde a depõe viva, ali colocando os seus ovos, a fim de que as suas larvas, ao nascerem, alimentem-se de *carne viva*, porquanto a *carne morta* as mataria também. Ato contínuo, cobre o orifício de entrada onde estão os descendentes e segue adiante. *Sabe*, porém que a espécie continuará. Como o terá aprendido? Desde o começo que assim ocorre e prosseguirá até a sua extinção...

O mesmo fenômeno sucede com outros tantos insetos, peixes, batráquios, mamíferos...

No ser humano, porém, além do instinto, que exterioriza as imagens guardadas no inconsciente, induzindo a atitudes e comportamentos *não conscientes*, automáticos, que necessitam ser interpretados e direcionados corretamente para uma existência equilibrada, existe o *Self*, também reconhecido como *o Deus em nós*, lúcido e responsável, que deverá alcançar mais elevados patamares psíquicos em sublimação, na realização plena do *numinoso*.

Eis por que o conteúdo religioso é de vital importância na psicoterapia que dilui os arquétipos perturbadores e os conflitos inerentes às heranças nefastas do curso da evolução...

Essa proposta religiosa, no entanto, deverá ser libertadora, sem quaisquer imposições castradoras, que geram e vitalizam distúrbios de diferente ordem, e que se transformam em cargas psicopatológicas aflitivas.

Jesus, em desafiadora psicoterapia superior, propôs: – *Busca a verdade e a verdade te libertará*.

A verdade, porém, que é uma saudável proposta com mecanismo adequado para proporcionar a liberdade, começa no autoconhecimento e prossegue na identificação dos valores adormecidos e das aspirações existentes, a fim de os enriquecer com possibilidades *numinosas*. Só então será factível e verdadeira a busca do aloconhecimento nos relacionamentos felizes.

A LUTA CONTRA AS PAIXÕES PRIMITIVAS

Uma psicoterapia eficiente libera o paciente não só dos conflitos, mas também das paixões primitivas, que passam a ser direcionadas com equilíbrio, transformando os impulsos inferiores em emoções de harmonia. As imagens arquetípicas que emergem do inconsciente pessoal, heranças algumas dos *instintos agressivos* que predominam em a natureza humana, resultantes do processo antropossociopsicológico, tornam-se diluídas pela razão, em um trabalho de conscientização das *suas inclinações más* e imediata superação, conforme acentua Allan Kardec, o ínclito codificador do Espiritismo.

Essas *inclinações más* ou tendências para atitudes primitivas, rebeldes, perturbadoras do equilíbrio emocional e moral, são heranças e atavismos insculpidos no *Self*, em razão da larga trajetória evolutiva, em cujo curso experienciou o primarismo das formas ancestrais, mais instinto que razão, caracterizadas pelos impulsos automáticos do que pela lógica do discernimento.

Impregnando o *ego* com a sua carga de paixões asselvajadas, necessitam ser trabalhadas com afinco, a fim de que abandonem os alicerces do inconsciente, no qual se encontram, e possam ser dissolvidas, substituídas pelos mecanismos dos sentimentos de amor, de compaixão, de solidariedade.

Indutoras a reações, nas diversas situações do comportamento, também respondem por vários conflitos da personalidade, que são desencadeados pelo convívio no lar, na dependência da *mãe castradora, da supermãe, do pai negligente e competitivo,* ou mesmo nos confrontos da sociedade, em cujo grupo o ser se encontra situado para viver e desenvolver os valores pessoais.

Nos tormentos que assaltam esse indivíduo, ele se vê constrangido a fugir, a ocultar-se dos demais, ampliando a mágoa contra a sociedade e contra ele próprio, ampliando os sentimentos de amargura, de frustração e de rejeição, assim tornando-se agressivo, medroso e temperamental.

Alguns transtornos depressivos podem desenvolver-se nessa oportunidade, como resultado desses *eventos de vida*, que são assimilados pela *natureza animal*, desbordando em traumas e melancolias prenunciadores de distúrbios na área da afetividade.

À medida que o *ego* se faz consciente dos valores ínsitos no *Self*, torna-se factível uma programação saudável para o comportamento, trabalhando cada dificuldade, todo desafio, mediante a reconciliação com a sua realidade eterna.

Os fenômenos que parecem obstar o processo de maturação psicológica cedem lugar aos estímulos pelas conquistas que se operam, emulando a novas realizações edificantes que enriquecem de alegria os relacionamentos familiares, sociais e humanos em geral.

É uma forma de o paciente desencarcerar-se dos impulsos perniciosos, que somente contribuem para asselvajar-lhe os sentimentos e emparedar-lhe as aspirações no estreito espaço das ambições tormentosas.

Não pode a sociedade adaptar-se a cada indivíduo, em razão dos seus estatutos de comportamento considerados positivos e saudáveis. Deve o ser identificar-se com a programação da sociedade, tornando-se autêntico nos seus valores, sem escamotear projetos ou desejos, assim evitando ferir o estabelecido que constitui norma de bom-tom e de paz para todo o grupo social.

Igualmente não é justo que assuma as características doentias da personalidade, em uma falsa necessidade de ser autêntico, antes faz-se imprescindível trabalhar essas expressões do primarismo de forma a ultrapassar a faixa dos *instintos agressivos* que, de alguma forma, permanecerão, porém sob outras manifestações produtoras de equilíbrio, em relação ao estabelecido socialmente.

Um equilibrado estado de saúde comportamental no homem sempre decorrerá da boa aceitação das ocorrências do dia a dia, tanto quanto de sentir-se incluído no grupo como membro atuante e produtivo, nada obstante as dificuldades que, de um para outro momento repontam, convidando-o à reflexão, à maturidade...

A necessidade de trabalhar as tendências primárias, os instintos dominantes e primitivos, torna-se intransferível em todos os indivíduos. Todo esse patrimônio psicológico ancestral que nele permanece, constitui-lhe patamar inicial do processo para a aquisição da consciência, que não pode ser violentado, sem graves prejuízos, no que diz respeito a outras manifestações que fazem parte da realidade dos próprios instintos.

Essa batalha íntima se faz possível graças aos estímulos que decorrem dos primeiros resultados, sempre salutares, quando são vencidas as etapas iniciais da luta interna que se processa com naturalidade.

Como não se podem preencher espaços ocupados, faz-se imperioso substituir cada impulso perturbador por um sentimento enobrecido, ampliando a área de compreensão da vida e disputando a harmonia no cometimento da saúde.

Merece seja evocada, novamente aqui, a já analisada sábia proposta de Krishna ao discípulo Arjuna, conforme narrada no *Bhagavad Gita,* quando o primeiro lhe refere que, na sua condição de príncipe *pândava* terá que lutar com destemor contra os *familiares* do grupo *kuru,* mesmo que esses sejam numericamente maiores. Não obstante o jovem candidato à plenitude desejasse a paz, foi tomado de temor por considerar que lhe seria impossível combater os demais membros da sua *família*, gerando uma tragédia de grande porte. Ademais, ignorava onde seria essa batalha vigorosa.

O Mestre, compassivo e sábio, no entanto, admoestou-o, informando que se tratava de *familiares,* sim, porque procedentes da mesma raiz, mas que os *pândavas* eram as virtudes, enquanto os *kurus* eram os vícios, nesse inter-relacionamento que se estreitava na causalidade dos fenômenos, mas que a vitória, sem dúvida, seria daqueles valores nobres, enquanto que a luta teria que ser travada no campo da consciência...

Esse momento do despertar da consciência para a realidade do Si, também significa a alegria de reconhecer a necessidade de libertar-se das paixões dissolventes, geradoras de tormentos, portanto, das negativas heranças do passado evolutivo.

Todo e qualquer empreendimento psicoterapêutico deve trabalhar em favor da libertação do paciente de quaisquer amarras e dependências conflitivas, tornando-o capaz de avançar vivenciando as impressões edificantes, mediante imagens arquetípicas que irão sendo insculpidas no seu inconsciente pessoal, superando aquelas que procedem do passado de perturbação e primarismo.

O VIR A SER

O *Self* atual, merece repetido, não é uma página em branco, na qual irão ser escritos os caracteres das necessidades humanas. Herdeiro do psiquismo ínsito no inconsciente coletivo, é portador do seu próprio inconsciente pessoal, que são as experiências do processo evolutivo no curso dos renascimentos carnais.

Desde os primórdios do seu processo antropossociológico, quando se organizaram as moléculas responsáveis pelo *cérebro réptil,* que se formou ao impacto das ondas emitidas pelo Si profundo – *a imagem e semelhança* arquetípicas *de Deus* –, é portador de todos os valores profundos que se devem libertar da argamassa celular para atingirem o esplendor, a *individuação,* o *numinoso.*

Nessa fase de primarismo, as necessidades eram iniciais, e o automatismo governava os seres primevos, sem quaisquer complexidades que exigissem equipamentos mais sofisticados. Esse processo se prolongou por algumas centenas de milhares de anos, firmando as características das necessidades nele então vigentes.

Posteriormente, à medida que desabrochavam as faculdades inatas, etapa após etapa, a matéria se foi adensando no perispírito ou *modelo organizador biológico,* dando surgimento ao *cérebro mamífero,* no qual se desenvolviam os pródromos do aparelho endocrínico, do cerebelo, da medula espinhal, para que melhor se expressassem as necessidades compatíveis com as formas em progressivo crescimento.

Só então surgiria, dezenas de milhares de anos transcorridos, o *neocórtex,* encarregado de programar as funções nobres do ser, como a inteligência, o sentimento, a memória, as aptidões elevadas, o discernimento, a consciência...

Desse modo, foi sendo *escrita* no *Self* através da longa jornada molecular guiada pelo Psiquismo Superior, nela existente em forma de *princípio espiritual,* toda a trajetória a percorrer com infinitas possibilidades de crescimento e transcendência. Assemelha-se, esse processo, à experiência de alguém saindo de um túnel em sombras, avançando para as claridades do dia exuberante.

É esse *princípio inteligente,* causal e eterno, que programa as formas físicas e oferece direcionamento aos neurônios cerebrais, às glândulas de secreção endócrina e outros sensíveis equipamentos encarregados da decodificação do psiquismo.

Assim considerando, os argumentos da conceituação antiga da frenologia, que estabelecia a existência de áreas físicas definidas no cérebro para os vários mecanismos da inteligência, do sentimento, do movimento, felizmente ultrapassada desde a valiosa descoberta do *centro da fala,* por Pierre Paul Broca, em abril de 1864, abrindo espaço para novas e mais intrigantes conquistas. Assim mesmo, o cérebro prossegue desafiador na sua estrutura e contextura profunda, responsável pelas inextricáveis complexidades do ser e da sua vida.

Nada obstante, algumas áreas que correspondem a determinadas funções e finalidades, quais a memória, a inteligência, o sentimento e outras faculdades, não se encontram adstritas exclusivamente a localizações específicas, permanecendo distribuídas por todo o cérebro, que passa a apresentar-se como um verdadeiro holograma, no qual cada parte possui o conjunto, que muito bem o pode expressar...

Indubitavelmente, o passado programou no ser as necessidades da sua evolução, apontando-lhe uma finalidade, um objetivo que deve ser alcançado mediante todo o empenho da sua inteligência e do seu discernimento.

Deixando de lado os impulsos meramente instintivos que o vêm guiando através dos milênios, agora desperta para a razão, descobrindo a essencialidade da vida, que nele próprio se encontra como tendência inapelável – o seu destino – que é a harmonia, a plenitude ambicionada.

É inevitável que, durante essa trajetória, repontem as dificuldades, hoje ameaçadoras, que fizeram parte das conquistas pretéritas, e, no seu momento, foram os mecanismos de sobrevivência e de vitória do ser em relação ao *meio hostil* e aos semelhantes primitivos que o buscavam dizimar.

Ressumando através de *imagens arquetípicas* e *complexos* tormentosos, a psicoterapia constitui instrumento seguro para a recuperação de valores no paciente e a libertação dos traumas profundos que remanescem do pretérito, assim como das injunções penosas da hereditariedade, da vida perinatal, do convívio familial, que se encontram incursos nesses impositivos estabelecidos pela evolução.

Vencendo as impressões que permanecem do ontem, o seu vir a ser desenha-se atraente e enriquecedor, por propiciar-lhe metas idealistas que irão desenvolver os sentimentos e a inteligência, encarregados de selecionar os recursos que o podem impulsionar para a conquista da saúde integral e do equilíbrio social.

Ante as psicopatologias e transtornos da afetividade que aturdem o ser humano, procedentes dele mesmo, o esforço do paciente, dos seus familiares e da sociedade em conjunto deve ser estimulado, a fim de que se inicie um programa de ajuda mútua, de companheirismo fraternal e psicológico, trabalhando-se pelo bem-estar geral.

Quanto possível, a liberação da *culpa* constitui elemento de harmonização interna, propondo novas diretrizes de trabalho interior para o crescimento pessoal, no que redundará o estabelecimento de novas metas que devem ser vencidas, a passo e passo, sem castração nem ansiedade, sem tormento nem vacilação, o que seria igualmente perturbador se ocorresse em desalinho emocional.

A conquista do amanhã é relevante para o ser, que se sente impulsionado a vencer os desafios atuais, porque então a sua existência dispõe de sentido e de significado real.

Descobrindo-se capaz de amar e percebendo-se amado – o que não ocorre no período do transtorno da afetividade – o paciente fica estimulado a avançar, porque agora, desalgemado dos conflitos que o infelicitavam, encontra razão para prosseguir em paz.

Ninguém vive realmente sem objetivo existencial. Pode-se ser desamado, nunca, porém, perder-se o sentido do amor.

O ser humano suporta qualquer tipo de perda, naturalmente dentro dos seus limites emocionais, não, porém, a perda do objetivo existencial.

Os instrumentos do otimismo, sem abuso ou exagero, da confiança, sem a irresponsabilidade que leva aos desatinos, da alegria, sem as ambições do gozo excessivo ou da inibição, da busca da autorrealização, sem fugas do mundo nem exacerbação dos seus convites, da esperança, sem a resignação estática dos inúteis ou a aflição dos desarvorados, constituem meios eficazes para se trabalhar o próprio vir a ser.

Uma visualização correta dos planos que podem ser antecipados pelo pensamento, gerando imagens ideais para a existência, na saúde, no trabalho, na sociedade, no comportamento, faz-se psicoterapia edificante para ser alcançada a posição que se anela. Isto porque, as imagens construídas no psiquismo terminam por impregnar o superconsciente e alimentá-lo, auxiliando o *ego* a superar as constrições impostas pelos fenômenos decorrentes do curso existencial.

Se o indivíduo perde a motivação para o crescimento interno e a conquista de valores externos, porque se encontra sob recriminação e culpa, incerteza e desinteresse existencial, a sua se torna uma jornada exaustiva e enfermiça, porque destituída de ideais e de realizações.

A existência saudável é dinâmica, referta de ações exitosas e malsucedidas, que se inter-relacionam em um panorama de acertos e de erros, enganos esses que se convertem em aprendizagem para futuras conquistas que enobrecem o ser humano.

A vida sem sentido é uma experiência sem vida.

O vir a ser dá sentido existencial à vida, promovendo-a e dignificando-a, tornando-a saudável e bela.

Estabelecido, portanto, um roteiro psicoterapêutico valioso, ou organizada uma simples proposta de bem-estar pessoal, o vir a ser é essencial na estruturação da saúde do indivíduo, que se trabalha motivado para alcançar o objetivo da existência humana, que é a busca da felicidade.

6
Transtornos Profundos

Depressão • Transtorno obsessivo-compulsivo
• Esquizofrenia

O ser humano é o somatório dos seus pensamentos, atitudes e realizações. O *Self*, na condição de um *arquétipo primordial*, preside ao processo de desenvolvimento que lhe é imperioso alcançar, mediante as experiências que fazem parte dos estatutos da Vida.

Larguíssima trajetória percorre o psiquismo desde os impulsos primários até o patamar dos instintos agressivos, depois aos mantenedores da vida, passando pelos reflexos condicionados, quando então surge desafiadora a inteligência, a princípio obnubilada pela cortina das manifestações primárias, clareando os impulsos que se transformam em emoções, quando então o *Self* avança no rumo da consciência que enfrenta novos desafios até alcançar o nível cósmico ou de plenitude.

Todo esse arcabouço inicial se insculpe nos recessos do ser e se transforma em alicerce para novas edificações que se concretizam, a pouco e pouco, dando surgimento a *imagens arquetípicas* que lhe passam a constituir o patrimônio pessoal intransferível.

Porque muito largas as experiências primárias, que se desenvolvem mediante os automatismos, que se convertem em percepções que identificam os significados das coisas e da realidade, tornando-se reflexos que se condicionam e são transferidos de uma para outra geração, as suas fixações são muito profundas. Mesmo quando o *Self* começa a desempenhar a sua formidanda faculdade de expressar-se nos patamares da inteligência e do sentimento, nas formulações dos anseios e dos ideais de enobrecimento, aqueles registros mais fortes predominam na sua constituição psicológica e ressurgem sempre com força dominadora, que deseja impor-se, perturbando os direcionamentos que conduzem ao bem-estar pleno.

Os fatores endógenos e exógenos que preponderam para o surgimento de psicopatologias profundas e de transtornos variados são decorrência do clima pessoal de cada indivíduo, das suas realizações anteriores, das suas ambições dignas ou vulgares, que geram ondas de sintonia com esses implementos responsáveis pelo surgimento dos mecanismos de realização e evolução na pauta do seu desenvolvimento.

As *más inclinações* que induzem ao erro, ao crime, à crueldade, são as heranças perversas que não o abandonaram, jungindo-o ao primarismo que deve ser superado a esforço contínuo, qual a débil plântula fascinada pelo raio de sol, ascendendo na sua direção, enquanto dele se nutre e submete-se-lhe ao tropismo.

Há um *Sol* transcendente, que é o *Arquétipo Primacial* – a Divindade –, que se irradia como fonte de vida, de calor, de energia, Eixo central do Universo e Gerador do Cosmos, que atrai na Sua direção todas as expressões que O manifestam na Criação.

A vida, portanto, desenvolve-se no rumo desse Fulcro, que é a Causalidade absoluta, da qual ninguém ou coisa alguma se pode evadir.

É essa força incoercível da evolução que propele o ser humano ao crescimento, a um objetivo de natureza eterna, ao invés da transitoriedade que se consome no aniquilamento, ou melhor dizendo, na transformação dos implementos moleculares da sua constituição orgânica. Eis por que o *Self* é imemorial, indestrutível na sua essência.

Depressão

Na raiz psicológica do transtorno depressivo ou de comportamento afetivo, encontra-se uma insatisfação do ser em relação a si mesmo, que não foi solucionada. Predomina no *Self* um conflito resultante da frustração de desejos não realizados, nos quais impulsos agressivos se rebelaram ferindo as estruturas do *ego* que imerge em surda revolta, silenciando os anseios e ignorando a realidade. Os seus anelos e prazeres disso resultantes, porque não atendidos, convertem-se em melancolia, que se expressa em forma de desinteresse pela vida e pelos seus valiosos contributos, experienciando gozos masoquistas, a que se permite em fuga espetacular do mundo que considera hostil, por lhe não haver atendido as exigências.

Sem dúvida, outros conflitos se apresentam, e que podem derivar-se de disfunções reais ou imaginárias da libido, na comunhão sexual, produzindo medos e surdas revoltas que amarguram o paciente, especialmente quando considera como essencial na existência o prazer do sexo, no qual se motiva para as conquistas que lhe parecem fundamentais.

Vivendo em uma sociedade eminentemente erótica, estimulada por um contínuo bombardeio de imagens sonoras e visuais de significado agressivo, trabalhadas especificamente para atender as paixões sensuais até a exaustão, não encontra outro motivo ou significado existencial, exceto quando o hedonismo o toma e o leva aos extremos arriscados e antinaturais do gozo exorbitante.

Ao lado desse fator, que deflui dos *eventos da vida*, o *luto* ou perda, como bem analisou Sigmund Freud, faz-se responsável por uma alta cifra de ocorrências depressivas, em episódios esparsos ou contínuos, assim como em surtos que atiram os incautos no fosso do abandono de si mesmos. Esse sentimento de *luto* ou perda é inevitável, por ferir o *Self* ante a ocorrência da morte, sempre considerada inusitada ou detestada, arrebatando a presença física de um ser amado, ou geradora de *consciência de culpa*, quando sucede imprevista, sem chance de apaziguamento de inimizades que se arrastaram por largo período, ou ainda por atos que não foram bem elaborados e deixaram arrependimento, agora convertidos em conflito punitivo. Ainda se manifesta como efeito de outras perdas, como a do trabalho profissional, que atira o indivíduo ao abismo da incerteza para atender a família, para atender-se, para viver com segurança no meio social; outras vezes, a perda de algum afeto que preferiu seguir adiante, sem dar prosseguimento à vinculação até então mantida, abrindo espaço para a solidão e a instalação de conflito de inferioridade; sob outro aspecto ainda, a perda de um objeto de valor estimativo ou monetário, produzindo prejuízo de uma ou de outra natureza...

Qualquer tipo de perda produz impacto aflitivo, perturbador, como é natural. Demora-se algum tempo, que não deve exceder a seis ou oito semanas, o que constitui um fenômeno emocional saudável. No entanto, quando se prolonga, agravando-se com o passar do tempo, torna-se patológico, exigindo terapêutica bem-elaborada.

Pode-se, no entanto, evitar as consequências enfermiças da perda, mediante atitudes corretas e preventivas.

Terapia profilática eficaz, imediata, propiciadora de segurança e de bem-estar, é a ação que torna o indivíduo identificado com os seus sentimentos, que deve exteriorizar com frequência e naturalidade em relação a todos aqueles que constituem o clã ou fazem parte da sua afetividade.

Repetem-se as oportunidades desperdiçadas, nas quais se pode dizer aos familiares quanto eles são importantes, quanto são amados, explicitar aos amigos o valor que lhes atribui, aos conhecidos o significado que eles têm em relação à sua vida... Normalmente se adiam esses sentimentos dignificadores e de alta magnitude, que não apenas felicitam aqueles que os exteriorizam, mas também aqueloutros, aos quais são dirigidos, gerando ambiente de simpatia e de cordialidade. Nunca, pois, se devem postergar essas saudáveis e verdadeiras manifestações da afetividade, a fim de serem evitados futuros transtornos de comportamento, quando a *culpa* pretenda instalar-se em forma de arrependimento pelo não dito, pelo não feito, mas sobretudo pelo mal que foi dito, pela atitude infeliz do momento perturbador... Esse tipo de *evento de vida* – a agressão externada, o bem não retribuído, a afeição não enunciada – pode ser evitado através dos comportamentos liberativos das emoções superiores.

Muitos outros choques externos como acidentes, agressões perversas, traumatismos cranianos contribuem para o surgimento do *transtorno da afetividade*, por influenciarem os neurônios localizados no tronco cerebral próximo ao campo onde o cérebro se junta à medula espinal. Nessa área, duas regiões específicas enviam sinais a outras da câmara cerebral: a *rafe*, encarregada da produção da serotonina e o *locus coeruleus*, que produz a noradrenalina, sofrendo os efeitos calamitosos dessas ocorrências, assim como de outras, desarmonizam a sua atividade na produção dessas valiosas substâncias que se encarregam de manter a afetividade, propiciando a instalação dos transtornos depressivos.

Procedem, também, dos eventos de natureza perinatal, quando o *Self*, em fixação no conjunto celular, experienciou a amargura da mãe que não desejava o filho, do pai violento, dos familiares irresponsáveis, das pelejas domésticas, da insegurança no processo da gestação, produzindo sulcos profundos que se irão manifestar mais tarde como traumas, conflitos, transtornos de comportamento...

A inevitável transferência de dramas e tragédias de uma para outra existência carnal, insculpidos que se encontram nos refolhos do Eu profundo – o Espírito viajor de multifários renascimentos carnais – ressumam como conflito avassalador, a princípio em manifestação de melancolia, de abandono de si mesmo, de desconsideração pelos próprios valores, de perda da autoestima...

Pode-se viver de alguma forma sem a afeição de outrem, sem alguns relacionamentos mais excitantes, no entanto, quando degenera o intercâmbio entre o *Self* e o *ego* o indivíduo perde o direcionamento das suas aspirações e entrega-se às injunções conflitivas, tombando, não poucas vezes, no transtorno depressivo.

Esse ressumar de *arquétipos* profundos, em forma de *imagens arquetípicas* punitivas, aguarda os fatores que se apresentam nos *eventos de vida* para manifestar-se, amargurando o ser, que se sente desprotegido e infeliz.

Incursa a sua consciência em culpa de qualquer natureza, elabora clima psíquico para a sintonia com outras fora do corpo somático, que se sentem dilapidadas, e sendo incapazes de perdoar ou de refazer o próprio caminho, aspiram pelo desforço covarde e insano, atirando-se em litígio feroz no *campo de batalha mental*, produzindo sórdidos processos de *parasitose espiritual*, de obsessões perversas.

Quando renasce o *Self* assinalado pelas heranças pregressas, no momento em que se dá a fecundação, mediante o *mediador plástico* ou *perispírito,* imprimem-se, nas primeiras células, os fatores necessários à evolução do ser, que oportunamente se manifestarão, no caso de culpa e mágoa, de desrespeito por si mesmo, de autocídio e outros desmandos, em forma de depressão. A hereditariedade, portanto, jamais descartada, é resultado do processo de evolução que conduz o infrator ao clima e à paisagem onde é convidado a reparar, a conviver consigo mesmo, a recuperar-se...

Pacientes predispostos por hereditariedade à incursão no fosso da depressão carregam graves procedimentos negativos de experiências remotas ou próximas, que se fixaram no *Self,* experimentando o impositivo de liberação dos traumas que permanecem desafiadores, aguardando solução que a psicoterapia irá proporcionar.

Uma catarse bem-orientada eliminará da consciência a culpa e abrirá espaços para a instalação do otimismo, da autoestima, graças aos quais os valores reais do ser emergem, convidando-o à valorização de si mesmo, na conquista de novos desafios que a saúde emocional lhe irá facultar, emulando-o para a *individuação,* para a conquista do *numinoso.*

Em razão do largo processo da evolução, todos os seres conduzem reminiscências que necessitam ser trabalhadas incessantemente, liberando-se daquelas que se apresentam como melancolia, insegurança e receios infundados, desestabilizando-o. Ao mesmo tempo, estimulando-se a novas conquistas, enfrentando as dificuldades que o promovem quando vencidas, descobre todo o potencial de valores de que é portador e que necessitam ser despertados para as vivências enriquecedoras.

O hábito saudável da boa leitura, da oração, em convivência e sintonia com o Psiquismo Divino, dos atos de beneficência e de amor, do relacionamento fraternal e da conversação edificante constitui psicoterapia profilática que deverá fazer parte da agenda diária de todas as pessoas.

Transtorno obsessivo-compulsivo

A saúde, sob qualquer aspecto considerada: física, mental, emocional, moral, é patrimônio da vida, que constitui meta a ser conquistada pelo homem e pela mulher no processo da sua evolução.

Engrandecendo-se o ser através dos esforços que empreende na conquista dos múltiplos valores nele adormecidos, penetra-os, no mundo íntimo, a fim de exteriorizá-los em hinos de alegria e de bem-estar.

Porque malbarata as oportunidades que deveriam ser utilizadas em favor da autoiluminação, da conscientização da sua realidade, infelizmente enviereda pela trilha dos prazeres exorbitantes e deixa-se arrastar pelos vícios perniciosos, estacionando na marcha ascensional e sofrendo as sequelas que a insensatez lhe brinda em forma de consequência dolorosa quase imediata.

É nesse mundo íntimo, no inconsciente pessoal, que se encontram as fixações perversas e desvairadas do primarismo do ser, que permanece durante o período da razão, gerando distúrbios que reaparecem na consciência atual, desestruturando os equipamentos da saúde física, psíquica e, especialmente, da emocional.

Dentre outros, pela sua gravidade, o transtorno neurótico obsessivo-compulsivo se destaca, infelicitando não pequeno número de vítimas em toda a Terra.

Neste capítulo, podemos anotar três diferentes itens, que são: o *pensamento compulsivo, a atividade compulsiva* e *a personalidade ou caráter obsessivo.*

Quando se é portador de *pensamento compulsivo,* a consciência torna-se invadida por representações mentais involuntárias, repetitivas e incontroláveis, variando de paciente para paciente. Trata-se de ideias desagradáveis umas, repugnantes outras, que infelicitam, e o enfermo não dispõe de meios lúcidos para as enfrentar, superando-as. Trata-se de um objetivo defensivo do inconsciente pessoal, impedindo que o doente tome conhecimento da sua realidade interior, dos seus legítimos impulsos e emoções.

Fixam-se-lhe pensamentos repetitivos, alguns ridículos, mas dos quais o enfermo não se consegue libertar. Outras vezes, manifestam-se em forma de dúvidas inquietantes, que desequilibram o comportamento.

A *atividade compulsiva* apresenta-se como incoercível necessidade de ações repetidas. Desde o simples ato de traçar linhas e desenhos em papel, enquanto conversa ou não, em contar lâmpadas ou cadeiras num auditório, que parecem sem sentido, mas não se consegue ser evitados, incidindo-se sempre na mesma atividade. Podem variar para fórmulas, rituais, cerimônias, como atavismos ancestrais, em *imagens arquetípicas* perturbadoras que se refletem no comportamento atual.

De alguma sorte é um mecanismo para fazer uma catarse da ansiedade de que se é vítima. Nas tentativas para evitar a *atividade compulsiva,* em razão de circunstâncias poderosas, o paciente sofre, transtorna-se, terminando por entregar-se à ação tormentosa de maneira discreta, simulada que seja...

Historicamente, Pilatos, por exemplo, após deixar assassinar Jesus, em Quem reconhecia a ausência de culpa, fez um quadro neurótico obsessivo-compulsivo, que o celebrizou, em face da situação aflitiva de sempre lavar as mãos, que lhe pareciam sujas pelo sangue do Inocente. A sua desdita se teria encerrado, somente, quando se suicidou, atirando-se na cratera de um vulcão extinto, na Suíça.

Na literatura de Shakespeare, *Lady* Macbeth, após assassinar o rei, ajudada pelo marido, passou a sofrer o mesmo conflito das mãos sujas de sangue, que deveria lavar sempre, em estado sonambúlico ou não, atirando-se nos resvaladouros da loucura...

À semelhança dessas personagens, o conflito adquire robustez e apresenta-se em inúmeros pacientes, como a necessidade de se banharem continuamente, usando álcool e outras substâncias desinfetantes, a fim de se isentarem da imundície que lhes parece cobrir o corpo. Outras vezes, são os impulsos irresistíveis para se assepsiarem, evitando contrair doenças infecciosas, ou supondo-se portador delas, através da eliminação de bactérias e micróbios outros alojados no corpo, como se isso fosse possível, já que a própria condição celular impede que haja uma ausência absoluta dessas vidas microscópicas.

Odores pútridos, quais os de cadáveres em decomposição, atormentam não pequeno número de enfermos, exigindo deles o uso de substâncias fortes e aromatizadas, que aspiram ou mascam, em desesperada tentativa de se libertarem dessas desagradáveis emanações que, no entanto, encontram-se no inconsciente e são somatizadas, gerando desespero e alucinação.

Aqueles indivíduos que são portadores de *caráter obsessivo* apresentam-se, invariavelmente, sistemáticos, impressionando pela rigidez do comportamento, inclusive, para com eles próprios. São portadores de sentimentos nobres, confiáveis e dedicados ao trabalho, que exercem até o excesso. No entanto, foram vítimas de ambiente emocional duramente severo, a partir do parto e especialmente na infância, quando sofreram imposições descabidas e tiveram que obedecer sem pensar, única maneira de se livrarem das imposições e castigos dos adultos. Sentindo-se obrigados, desde cedo, a reprimir as emoções e sentimentos outros, tornam-se ambivalentes, escapando-lhes de controle as que se constituem de natureza hostil, apresentando-se mais como intelectuais do que sentimentais, mecanismos escapistas que se impõem inconscientemente.

Essa compulsão obsessiva é cruel e alucinante, porque se encontra ínsita no ser, que não consegue momento algum de paz e de renovação, mergulhando cada vez mais no desespero com piora do próprio quadro, derrapando na loucura ou no suicídio como solução insolvável para o transtorno aflitivo.

São relevantes, neste capítulo, os estudos de Freud a respeito do *caráter anal* dos portadores de transtornos obsessivos, em razão das exigências da mãe, quando no trato com eles na infância, higienizando-os, exigia-lhes obediência irracional a horários rígidos, incluindo aqueles para as funções intestinais sob controle estabelecido. Através dessas imposições, as mães negavam-lhes afeto e identificação emocional, tornando-as crianças carentes, sob a mentirosa justificativa de que esse era um comportamento para não "porem a perder os filhos".

Na fisiopatologia desses transtornos são detectadas várias anomalias biológicas, dentre as quais a presença de epilepsia do lobo temporal, o aumento expressivo de atividade metabólica no giro orbital esquerdo e até mesmo uma alteração cromossômica na constituição do ser. Sob o ponto de vista neurológico, observa-se a influência não somente da epilepsia do lobo temporal, mas também da coreia de *Sydenhan*, da síndrome de *Giles de la Tourette,* etc. Aí também são encontradas perturbações neurobiológicas, como, por exemplo, o aumento do fluxo sanguíneo cerebral no córtex orbitofrontal, neostriatum, globo pálido e tálamo, no hipocampo e córtex posterior do giro cíngulo.

Esses desencadeadores dos transtornos neuróticos obsessivo-compulsivos, do ponto de vista psicológico, encontram-se no inconsciente pessoal, como herança também de atos transatos, sem dúvida, no qual estão inscritos igualmente os códigos das *imagens arquetípicas* que permitem, por outro lado, vinculação com outras mentes ora desencarnadas. Essas Entidades impõem-se o direito de cobranças esdrúxulas, mediante processos espirituais devastadores. Trata-se de Espíritos que foram vitimados pela urdidura de crimes perversos contra eles perpetrados, e não conseguiram superar os traumas e os ressentimentos que se transferiram do *ego* para o *Self,* e agora transformam em instrumentos de vingança através de obsessões vigorosas com que se desforçam daqueles que lhes foram adversários sórdidos.

Porque permanece impressa nos painéis do inconsciente pessoal, nos refolhos do perispírito, a dívida moral, os pacientes assimilam as ondas mentais das suas antigas vítimas, que são convertidas em sensações penosas, em forma de *consciência de culpa* – lavar as mãos, assepsiar-se em demasia, sentir o corpo sempre sujo – tanto quanto a captação de odores pútridos – ativação da pituitária pelo psiquismo que sente necessidade de reparação – que são exteriorizados pelos cobradores espirituais que padeceram exulcerações prolongadas, apodrecendo em vida antes que a morte viesse liberá-los da pungente situação.

A psicosfera emanada pelo agente perturbador sobre a atual vítima perturbada permite a assimilação das ondas e vibrações viciosas, que se transformam nesses odores de cadáver em decomposição, que nada exterior consegue superar, diminuir ou fazer cessar.

Sob outro aspecto, esses endividados espirituais reencarnam com os fatores neurológicos e orgânicos em geral impressos no corpo perispiritual, em face dos transtornos morais que se permitiram anteriormente, de forma a experimentarem a recuperação moral através do processo depurador a que ora fazem jus.

A psicoterapia cognitiva-comportamental, bem conduzida em relação a esses enfermos, ameniza ou produz a cura dos efeitos danosos e mórbidos; no entanto, a terapêutica bioenergética, por alcançar os fulcros espirituais de onde se exteriorizam os campos vibratórios, interrompe a emissão da energia enfermiça, afastando os agentes que, necessariamente atendidos, orientados e confortados moralmente, terminam por abandonar os propósitos malsãos em que permanecem e libertam os seus inimigos entregando-os à Consciência Cósmica.

Evidentemente, o contributo de alguns barbitúricos e fármacos diversos sob cuidadosa orientação psiquiátrica, portadores de inibidores de reabsorção de serotonina, torna-se de inestimável significado para o reequilíbrio do paciente. Entrementes, a educação, o trabalho junto ao enfermo, auxiliando-o na mudança de atitude perante a vida, de comportamento mental, de sentimento rancoroso e agressivo em relação ao seu próximo, para o qual, não raro, transfere o perigo de trazer-lhe contaminação, resulta em valiosa psicoterapia para o reequilíbrio do *Self*, e lento, posterior, mas seguro bem-estar.

Ideal, portanto, que sejam tomadas providências para que as referidas terapêuticas, psicológica, espiritual e psiquiátrica sejam utilizadas, a fim de facultar ao paciente a sua recuperação.

Na economia moral de todo ser encontram-se os seus atos próximos ou transatos programando a sua existência, estabelecendo processos de liberdade ou de encarceramento, asas para alá-lo ou grilhões para retê-lo no piso das paixões dissolventes.

Esquizofrenia

Nos transtornos psicóticos profundos, a esquizofrenia destaca-se aterrorizante, em face da alienação que impõe ao paciente, afastando-o do convívio social e conduzindo-o à vivência da própria incúria, sem a capacidade de discernimento que se encontra embotada.

Denominada, por Freud, como "neurose narcisista", identificada por Kraepelin, que estabeleceu como sintoma frequente a "indiferença ou embotamento afetivo", coube a Bleuler assinalar que o paciente é vítima de uma "desagregação do pensamento", que produz certa rigidez com extrema "dificuldade de exteriorização dos sentimentos", não sendo, portanto, imune à afetividade.

Clinicamente apresenta-se sob três formas, consideradas clássicas: *hebefrenia, catatonia* e *paranoide*. Posteriormente foi acrescentada outra, que ficou denominada como *esquizofrenia simples*.

Muito difícil de ser diagnosticada, em face das suas variedades de sintomas, vem sendo estudada desde há muito tempo, recebendo as mais valiosas contribuições para a sua compreensão, nos dois mais recentes séculos, a partir, dentre outras, das investigações de Kahlbaum e Hecker, na segunda metade do século XIX, já que, até então, pouco se conhecia a seu respeito.

Sem dúvida, fatores hereditários preponderantes impõem o desvio psicótico profundo, graças às impressões vigorosas registradas nos genes desde os primórdios da concepção.

Essa terrível afecção mental responde pela falta da associação de ideias, pelo desleixo e abandono do Si em transtorno grave de conduta.

Enfermidades infectocontagiosas e suas sequelas podem, também, desencadear o processo esquizofrênico, em razão dos prejuízos que impõem aos neurônios cerebrais e às suas sinapses, que se desconectam, tornando-se incapazes de enviar as mensagens corretamente de um ao outro, nessa cadeia complexa de informações que transitam através das suas delicadas conexões. Fenômenos orgânicos que promovem grande tensão, como aqueles considerados críticos, tais a puberdade, o catamênio, a menopausa e a andropausa, são arrolados como responsáveis também pelas manifestações lentas e contínuas do transtorno esquizofrênico.

Por outro lado, traumatismos cranianos atingindo o cérebro produzem efeitos equivalentes, perturbando o raciocínio do paciente e afastando-o do convívio da sociedade.

Outrossim, fatores exógenos, que dizem respeito aos *eventos de vida*, também respondem pelo transtorno cruel, especialmente nos indivíduos de compleição moral frágil ou marcados por graves distúrbios familiares, sociais, de trabalho, de relacionamento afetivo, que os predispõem às fugas espetaculares para o quase-autismo.

Não obstante, deve-se incluir na psicogênese do transtorno esquizofrênico, *a consciência de culpa* das ações vivenciadas em existências anteriores, quando a delinquência assinalou o desenvolvimento do *Self*, hedonista e explorador, que somente se utilizou dos amigos e conhecidos para os explorar, traindo-lhes a confiança ou covardemente destruindo-lhes o corpo em horrorosos crimes que não foram justiçados, porque passaram desconhecidos ou as circunstâncias legais não os alcançaram. Não havendo sido liberados pela reparação através dos cometimentos impostos pela Lei vigilante, insculpiram nas delicadas tecelagens vibratórias do corpo perispiritual a responsabilidade infeliz, que ora ressurge como cobrança, necessidade de reparação, impositivo de reequilíbrio, de recomposição social, familial, humana.

Eis que nessa, como noutras ocorrências psicopatológicas, a interferência de seres desencarnados ou de outra dimensão, se assim for mais acessível ao entendimento, impondo sua vontade dominadora sobre aquele que o infelicitou no curso de existência anterior, produz distonia equivalente àquelas que procedem das psicogêneses internas e externas.

Essa imposição psíquica frequente e insidiosa afeta os neurotransmissores, facultando que moléculas – neuropeptídeos – responsáveis pelo equilíbrio das comunicações, os desconectem produzindo a alienação.

A mente, que não é física, emite ondas especiais que são captadas por outras equivalentes, que sincronizem com as emissões que lhes são direcionadas.

Há, em todo o Universo, intercâmbio de mentes, de pensamentos, de vibrações, de campos de energia...

No que diz respeito às afinidades psíquicas, a sintonia vibratória permite que sejam decodificadas mensagens mentais por outros cérebros que as captam, conforme os admiráveis fenômenos parapsicológicos da telepatia, da clarividência, da precognição, da retrocognição, cujas experiências em laboratório tornaram-nos cientificamente comprovados, reais.

É natural, portanto, que não havendo a destruição do *Self* quando ocorre a morte ou desencarnação do ser humano, a mente prossiga enviando suas mensagens de acordo com as construções emocionais de amor ou de ira, de felicidade ou de desdita, que se fazem captadas por *estações mentais* ou campos *psi*, dando curso às inspirações, às percepções enobrecidas ou perturbadoras, facultando o surgimento das nefastas obsessões de efeitos calamitosos.

É muito mais vasto o campo dessas intercorrências espirituais do que se pode imaginar, sucedendo tão amiúde, que seria de estranhar-se não as encontrar nos transtornos neuróticos ou psicóticos de qualquer natureza...

O *Self*, dessa maneira, desenvolve-se mediante as experiências que o acercam do *Arquétipo Primacial*, no qual haure vitalidade e força, transferindo todas as aquisições, nobres ou infelizes, para futuros cometimentos, assim ampliando as primeiras e recuperando-se das segundas, armazenando todas as experiências que o conduzirão à *individuação* plena, ao *numinoso* ou sintonia com Deus.

Mergulhando, a princípio, no *Deus interno,* desperta o potencial de sabedoria e de amor que nele jaz, a fim de poder crescer em amplitude no rumo do Deus Criador do Universo...

A saúde mental somente é possível quando o *Self,* estruturado em valores éticos nobres, compreende a finalidade precípua da existência humana, direcionando os seus sentimentos e conhecimentos em favor da ordem, do progresso, do bem-estar de toda a sociedade.

A liberação do *ego* arbitrário, desvestido dos implementos da aparência que se exterioriza pela *persona*, permite a integração do ser na vida em caráter de plenitude.

Todas as terapias acadêmicas procedem, valiosas e oportunas, considerando-se a imensa variedade de fatores preponderantes e predisponentes, para o atendimento da esquizofrenia, não sendo também de desconsiderar-se a fluidoterapia, o esclarecimento do agente perturbador e o consequente labor de sociabilização do paciente através de grupos de apoio, de atividades espirituais em núcleos próprios onde encontrará compreensão, fraternidade e respeito humano, que o impulsionarão ao encontro com o Si profundo, em clima de paz.

7
DISTÚRBIOS COLETIVOS

TERRORISMO • SÍNDROME DO ESTRESSE
PÓS-TRAUMÁTICO • VINGANÇA

Em uma linguagem poética, pode-se afirmar que o ser humano está fadado às estrelas. Todavia, porque começou do *barro da terra*, a sua ascensão é lenta e transformadora na estrutura da aparência através da luminosidade da essência de que se constitui.

Emergindo da escuridão para a claridade, se vai despojando de fora para dentro dos envoltórios que o revestem, tornando-se mais sutil e delicado, à medida que se liberta das couraças mais vigorosas, qual uma cebola (*Allium cepa*) que, para ser alcançado o núcleo de vida, é necessário retirar-lhe a casca e as *túnicas carnosas* que o resguardam das agressões do exterior.

Algumas doutrinas espiritualistas, talvez, por isso mesmo, referem-se ao conjunto de camadas ou corpos que vestem o Espírito, atribuindo-lhe sete envoltórios: físico, astral, mental, búdico, nirvânico, monádico e divino. Alguns se apresentando sob outras denominações e com subdivisões, que se interdependem, sendo libertados, um a um, após a morte do invólucro carnal, e mediante a superação dos remanescentes até às estruturas reais, espirituais, que facultam o estado de *Plenitude*.

A Ciência espírita, através da Codificação proposta por Allan Kardec, após estudos e reflexões cuidadosos, apresenta apenas três desses elementos como constitutivos do ser, algures já referidos: Espírito, perispírito e matéria.

A sede da inteligência, o ser em si mesmo, é o Espírito – *Self* – fonte geradora da vida e portadora de inexauríveis recursos que devem ser penetrados e utilizados no processo da evolução; perispírito ou corpo semimaterial, que sedia as experiências e as registra, transferindo-as de uma para outra existência, veículo *modelador da forma*, que imprime no futuro instrumento material as necessidades que se lhe fazem imperiosas para a superação das tendências primitivas, das paixões dissolventes, dos vícios adquiridos durante o percurso da jornada evolutiva; e o corpo físico, encarregado de envolver os anteriores, experimentando os conteúdos que procedem do ser espiritual que é e se manifestam no soma em que transita.

Nessa trilogia singela, mas complexa, possuem-se os elementos para a compreensão de todos os processos psicopatológicos como os da saúde integral, que dizem respeito aos mecanismos do *continuum* da evolução.

O ser humano é, portanto, o que elabora no âmago do Espírito, que transfere por meio do *corpo intermediário* para a vida física as impressões, pensamentos, palavras e ações, que tipificam o estágio evolutivo em que se encontra durante cada vilegiatura carnal.

Desde os primeiros impulsos da inteligência até as momentosas construções da intuição, o Espírito ou *Self* é o construtor das ocorrências que lhe dizem respeito, gerando e desenvolvendo os instrumentos hábeis para o crescimento e amplitude das aspirações de felicidade e de paz que lhe jazem em latência, porque procedente de Deus.

Desse modo, nele se insculpem os programas que elaboram alegria ou tristeza, saúde ou doença, todos transitórios no rumo da sua suprema realização espiritual.

Terrorismo

Em face da *predominância da natureza animal sobre a espiritual e do desbordar das paixões,* o ser humano, em determinados estágios da evolução, mantém as heranças primevas, os instintos primários que sobrepujam os valiosos tesouros da inteligência, do discernimento, da razão, da consciência. São eles que dão campo ao desenvolvimento da perversidade que não trepida em matar, de forma que a sua truculência emocional prevaleça.

A ausência dos sentimentos que engrandecem o indivíduo, o desvio para as estruturas esquizofrênicas, liberam as forças hediondas do primitivismo que se impõe pela tirania, abraçando o fanatismo que o caracteriza como primário, possuindo, a partir de então, um objetivo estimulador para dar campo ao que lhe é característica de evolução em nível inferior do processo de cultura e de emoção.

Pode, não poucas vezes, desenvolver a inteligência, adquirir conhecimento tecnológico, abraçando causas que parecem nobres, mas que somente constituem fugas do conflito perturbador para exibir a turbulência interior, a odiosidade que preserva no íntimo em relação aos demais com quem convive ou não e, por extensão, contra toda a sociedade.

Em razão da estrutura psicológica mórbida, possui graves desvios da libido, invariavelmente atormentado nas suas manifestações, com severos distúrbios das funções sexuais, ocultando o vazio existencial na exorbitância dos *instintos agressivos* nos quais se compraz.

Frio, emocionalmente, perverso, porque insano, não possuindo qualquer amor à vida, faz-se odiar, porque se sente incapaz de despertar qualquer sentimento de amor, desencadeando a erupção da selvageria interna, que o promove a uma situação de destaque, na qual transita rapidamente, porque detesta a vida e todas as suas conquistas.

Exilando-se em antros sórdidos onde se refugia, repetindo o inconsciente pessoal que busca esconder-se por sentir-se inferior, incapaz de despertar qualquer interesse digno dos seus coevos, o terrorista é um psicopata congênito, mesmo que se expresse como portador de equilíbrio que bem disfarça, em razão das peculiaridades de toda uma existência de simulação, na qual esteve assinalado pela covardia e desespero íntimo de saber-se não aceito, que é o ressumar do conflito de inferioridade.

Naturalmente, como decorrência da sua insânia, pode fomentar o surgimento de outros portadores dos mesmos sentimentos de perversidade, trabalhando a infância e a juventude – materiais humanos muito próprios – mediante os processos da lavagem cerebral, induzindo a ódios irracionais e necessidade de destruição, que se iniciam pela perda do sentido existencial, que somente possui significado até o momento de alcançar a sua meta destrutiva.

Incapaz de amar, porque se sente ancestralmente odiado, desenvolve perturbação do discernimento, por meio de cuja óptica os acontecimentos e as demais pessoas são todos adversários que devem desaparecer, quando também ele sucumbirá.

A sua fidelidade tem uma existência precária e veloz, mantendo-se enquanto a serviço da loucura que desenvolve, apresentando-se sempre desconfiada e insegura, porque não possui resposta emocional equivalente, nunca se entregando a outrem, por mais que encontre receptividade e afeição.

O terrorista, qual ocorre com o ditador, o sicário, o vândalo, tem existência tumultuada, que é sempre encerrada por homicídio violento ou mediante o suicídio ominoso, inqualificável.

São também terroristas aqueles indivíduos que, não obstante desconhecidos, espalham o medo, aproveitando-se das situações aflitivas para os demais; aqueloutros que geram a insegurança de qualquer natureza; também os ricos que exorbitam no comércio, submetendo os grupos humanos sem recursos ao seu talante; esses vis caluniadores que promovem o ódio; todos aqueles que permitem extermínios, mediante assassinatos inconcebíveis; os assaltantes inconsequentes e maus, que espalham o pavor; os estupradores perversos, e não poucos indivíduos que, apesar de fazerem parte da sociedade, encontram-se enfermos em estado grave...

Caso se permitisse terapia própria, o terrorista desenvolveria o sentimento do amor nele existente, mas não cuidado, conseguindo ultrapassar o nível de hediondez para o da fraternidade, saindo da *consciência de sono* para outro patamar de *lucidez,* de *despertamento.*

Ainda, nesse caso, defronta-se um *Self* em manifestação primitiva, com todas as expressões de beleza soterradas no inconsciente pessoal, que se transferem de uma existência física para outra sob ódio incoercível, em razão de alguma injustiça ou calamidade vivenciada e não absorvida pela razão.

O amor que a Humanidade lhe ofereça será a terapia mais segura para diminuir-lhe a angústia. Ao invés do revide pelo ódio, que mais lhe aguça os instintos repressores, o amor alcança-o suavemente e deixa de lhe vitalizar o ressentimento contra a sociedade, que o torna herói de fancaria, insignificante, mas hediondo, atormentado e desditoso.

Síndrome do estresse pós-traumático

Há, na emotividade do ser humano, muita fragilidade psicológica. Ocorrências sutis e graves fazem desencadear conflitos adormecidos no seu inconsciente pessoal, transformando-se em transtornos perturbadores. Trata-se de forças impessoais retidas no abismo do inconsciente. Enquanto isso, as experiências também transcorrem em um estado de saudável inconsciência, porquanto essas forças nunca se exteriorizam nos períodos de normalidade e de equilíbrio. No indivíduo solitário, apresentam-se menos graves, no entanto, quando ele se une à massa e ocorre o desencadear desses mecanismos automáticos, irrompem, demolidores, como gigantes ciclópicos que alucinam e destroem. São eles que fomentam as guerras, as tragédias devastadoras, os massacres, as carnificinas...

Quando sucede esse eclodir de forças coletivas retidas, os indivíduos passam por uma inesperada transformação. Pessoas pacatas fazem-se violentas, as gentis tornam-se agressivas, assumindo situações de loucura, na condição de portadoras de verdadeiro desvario que surpreende. Dominadas pela ferocidade que as vence, tornam-se asselvajadas.

A criatura, de alguma forma, vive sobre um vulcão aparentemente extinto – o seu inconsciente –, mas o interior está em processo de erupção, desde que a camada superficial seja arrebentada ou algo lhe desencadeie o emergir do *magma incandescente* que se encontra no seu interior.

No indivíduo, isoladamente, basta um transtorno neurótico para alavancar e fazer irromper do inconsciente esse tipo de energia retida e ignorada.

Graças a essa força, ocorrem as fixações que se tornam doenças neuróticas, transtornando a existência das suas vítimas, que não se conformam em ser saudáveis, porque, sofrendo a constrição da psique em desalinho, passam a vivenciar imagens torpes que se lhes tornam realidade.

Quando têm vigência, por outro lado, grandes desastres, as calamidades que atingem multidões, a ansiedade e o medo de serem alcançados pela infelicidade fazem que essas mesmas pessoas experimentem síndromes de estresse pós-traumático, atirando-as em buscas frenéticas de *salvação*.

Apresentam-se como sintomáticos, a revivescência da tragédia, em forma de evocação invasiva, de pesadelos, de sonhos interrompidos, nos quais se repetem as calamidades, como decorrência de um adormecimento psíquico, em razão do aturdimento emocional e da insensibilidade, bem como resultante dos esforços que se fazem para que sejam evitadas quaisquer formas de recordação do episódio traumatizante.

Nas sociedades mais esclarecidas intelectualmente, os pacientes recorrem às leituras religiosas, nas quais tentam encontrar paz e relaxamento das tensões, em obras de autoajuda, com propostas confortadoras e ricas de esperança, estimulando-as à autoestima, à autoconquista – porque os valores externos perderam o significado e deixaram de constituir a segurança a que se entregavam –, ou desbordam nos jogos sexuais, tentando liberar-se dos medos que as assaltam.

Por outro lado, aqueles pacientes que viviam sob os camartelos da ansiedade e da depressão, diante desses acontecimentos ficam sujeitos a uma melhora no seu estado geral, porque, ao analisarem o seu problema individual ante o colosso como se apresenta a tragédia dos outros, esse problema perde quase o sentido, em face da sua insignificância, e apresenta-se sem maior representação, devendo ser deixado de lado.

Pacientes que se recusavam pelo medo a determinadas experiências humanas, tais como as viagens, os negócios, os empreendimentos comunitários, após essas ocorrências calamitosas sentem-se estimulados a realizá-las, e normalmente as conseguem, tornando natural o que antes era desafiador.

O mesmo fenômeno ocorre em relação ao sexo após esses acontecimentos desastrosos, porque os indivíduos passam a sentir necessidade de mais se relacionarem, uns com os outros, embora alguns receios que lhes remanescem, de se apoiarem reciprocamente, de aproveitarem *o tempo que lhes restam*, apaixonando-se com maior facilidade e entregando-se aos prazeres, logo que passam aqueles momentos mais tormentosos e apavorantes. Somente o fato de se darem conta que, não obstante a desgraça coletiva, encontram-se vivos, isso lhes constitui um forte motivo para lutar e continuar vivendo.

Diversa, porém, é a ocorrência em personalidades mórbidas, que, movidas por autocomiseração e complexo de culpa, porque se permitem a entrega ao desânimo e ao pessimismo, adotam a atitude de que a *vida não vale ser vivida*, porquanto, de um para outro instante, tudo pode retornar ao caos.

Após a Segunda Guerra Mundial, manifestava-se esse fenômeno como medo da bomba que viria dizimar o mundo. Na atualidade, ao lado dos diversos mecanismos bélicos e da guerra sofisticada, o conflito apresenta-se mais feroz, pela incerteza de como ocorrerá a sua consumpção, especialmente ante as ameaças dos artefatos que levam ao extermínio químico ou biológico.

Essa *síndrome de estresse pós-traumático*, não obstante os danos que produzem no sistema emocional das criaturas, pode, quando recebe a conveniente psicoterapia, induzir ao descobrimento dos valores que a vida reserva a todos e que passam despercebidos ante os avanços da tecnologia e os interesses meramente hedonistas a que se tem apegado a sociedade.

Essa síndrome pode variar entre a ocorrência perturbadora e a sua instalação em semanas e até mesmo em meses, podendo, em alguns casos, o transtorno tornar-se crônico.

VINGANÇA

Quando algo acontece perturbador, gerando sofrimento no indivíduo, ou a sua imaturidade psicológica se sente ameaçada por algo muito forte, mesmo raciocinando conscientemente, não se furta às manifestações desconhecidas do seu inconsciente que exige reparação, desforço, o aniquilamento do opositor. O seu lado racional procura resistir, por identificar essa falha do caráter, mas aqueloutro, o sombrio e desconhecido da personalidade, que tem manifestações inesperadas e de todo inconsequentes, arma ciladas, estabelece ardis e atira o ser nos desvarios da vingança de consequências sempre perturbadoras.

Os impulsos irrompem-lhe de áreas desconhecidas do *ego*, que não consegue identificação com o Si-mesmo, e induzem-no a um trabalho perseverante de odiosidade, instaurando-lhe no imo revolta e desconforto ante esse que se lhe apresenta como perigo para sua segurança, merecendo, portanto, ser destruído.

O fenômeno ocorre, tanto no indivíduo como nas massas, em pessoas como em nações, dando surgimento às guerras nefastas e hediondas, nas quais todos são prejudicados por gerações que se sucedem, tais as sequelas que ficam após o armistício...

No indivíduo, esse transtorno recorrente é perverso mecanismo conflitivo que somente induz ao desespero, e mesmo quando o outro, aquele a quem é inamistoso se rende ou é aniquilado, não desaparecem os efeitos desastrosos dos seus sentimentos perversos, frustrando a quem aparentemente estaria vitorioso.

Invariavelmente neurótico, o enfermo que assim age, vitimado pela repressão sexual infantil ou dominado pela necessidade do poder e da ambição, compete com os demais, aos quais passa a invejar, por se encontrarem em melhores condições psicológicas do que ele. Pode aceitá-los como amigos, enquanto os manipula, sentindo-se beneficiado pela sua dependência, jamais quando se erguem, tornando-se *dons quixotes* em suas lutas desiguais contra os gigantes simbolizados nos moinhos dos ventos da insensatez.

A vingança é transtorno neurótico soez, que liberta do inconsciente as forças desordenadas aí adormecidas, irrompendo com ferocidade e ligeireza sob o estímulo do combate ao *inimigo*. É curioso notar que o inimigo não é aquele que se torna combatido, mas o inconsciente transfere dos seus arcanos a inferioridade do ser, que é inimigo do progresso, do bem, da ordem, para atirar noutrem, em fenômeno de projeção e que guarda internamente, detestando-o.

Ao armar-se de calúnia e de mecanismos de perseguição contra aquele a quem passa a odiar, está realizando uma luta inconsciente contra si mesmo, aquele *outro* que está escondido no lado escuro da sua personalidade, que se lhe demora oculto na *sombra*.

Fixa-se no *adversário* com implacabilidade, e suas metas se reduzem a essa inglória batalha pela sua extinção, do que dependerá a sua liberdade, a partir desse momento. Assim, transtornado, emite ondas deletérias contra o outro, estabelecendo uma comunicação psíquica, se encontra receptividade em quem lhe padece a campanha, que termina por minar as forças daquele que considera seu opositor.

Além da inferioridade moral que tipifica o vingador, o seu primarismo emocional elabora razões ponderosas que lhe surgem na mente em desalinho para dar prosseguimento à façanha, nascidas no inconsciente pessoal profundo, que remanescem de outras existências do *Self*, quando se desarmonizou com este a quem ora enfrenta e desafia para o duelo covarde. Em outras situações, a inferioridade se levanta, e não se sentindo possuidor de recursos para competir mediante valores significativos, cultiva a antipatia que se avoluma e a transforma em fúria, que somente se aplaca quando está lutando contra aquele que o atormenta, mesmo que esse não o saiba, que não tenha a intenção de assim proceder, pois que ignora a situação infeliz do seu adversário.

Se, por acaso, for levado ao sentido de harmonização com o *inimigo*, não o perdoa interiormente, embora seja quem merece ser perdoado, ruminando o que considera a sua derrota até encontrar novos argumentos para dar prosseguimento à sanha doentia da sua libido atormentada.

Aqueles que se apoiam em mecanismos vingativos sempre foram vítimas de repressão infantil e juvenil, sentiram-se desprezados pelo grupo social e transferem agora suas frustrações para quaisquer outros, desde que isso os transforme em pessoas portadoras de poder e ambiciosos dirigentes de qualquer coisa, em que a personalidade doentia passa a ser homenageada, fruindo de destaque, embora a conduta esquizoide, maneirosa, falsamente humilde ou pretensiosamente dominadora.

Sujeitos a esgares ou a convulsões epilépticas, ou a simples ausências, são personalidades psicopatas perigosas, porque traiçoeiras, que sabem simular muito bem os sentimentos íntimos e urdem planos macabros sob o açodar da psique ambivalente, doentia, dissociada e com predomínio da faceta mórbida.

Todo um trabalho psicoterapêutico profundo deve ser apresentado como proposta de recuperação para pacientes dessa natureza, remontando-se a uma psicanálise que lhes chegue à infância, de forma a erradicar pela catarse os traumas e conflitos arraigados, assim alterando-lhes a conduta pessoal com base em novos valores que lhes serão apresentados de maneira afável e duradoura, não raro com ajuda também de terapia psiquiátrica para a remoção de possíveis extratos epilépticos ou esquizofrênicos, que se fazem necessitados de fármacos e barbitúricos específicos.

O amor – que tudo fazem para não conseguir – igualmente lhes é muito valioso, embora reajam por desconfiança e ambivalência de conduta, gerando no enfermo um clima de simpatia e amizade, normalmente difícil de estruturado, em razão dos muitos tormentos que o avassalam.

8
Perturbações graves

Perturbações somatoformes e psicofisiológicas
• Sociopatias • Fobias

O ser humano é essencialmente o Espírito que lhe habita o corpo.

Autoconstrutor das realizações que lhe constituem o patrimônio que conduz nas sucessivas experiências da evolução, transfere automaticamente, de uma para outra etapa, os tesouros positivos e negativos que logra acumular.

Não obstante, quando atinge a fase da razão, conhecendo o que deve fazer e pode, em relação ao que pode, mas não convém fazer, e ao que interessa, mas não pode realizar, não poucas vezes opta pelo prazer imediato, a prejuízo das realizações profundas que o devem assinalar durante todo o processo no qual se encontra mergulhado pela Lei da Evolução.

Ninguém, portanto, foge desses desafios que constituem para todos os seres humanos experiências que os projetam em patamares mais avançados.

Superando, lentamente, os *instintos agressivos,* graças à conquista do raciocínio, aplica-se à Ciência, à Filosofia, à Religião e à Tecnologia, procurando respostas capazes de o instrumentar para o perfeito entendimento das ocorrências à sua volta e dos mecanismos que podem proporcionar-lhe felicidade, nem sempre com o êxito que gostaria de atingir.

As injunções do sofrimento, os desconfortos morais e os desafios socioeconômicos, constituem-lhe incógnitas que luta por compreender e por eliminar, utilizando-se de todos os recursos ao alcance, desde que resultem em plenitude de fácil e rápido consumo.

Conquistada a duras penas a fase da razão, outras, porém, surgem ricas de esperança, convidando ao crescimento e a novas realizações, tais a intuição, a angelitude, além dos limites que estabeleceu... Entretanto, ressumam de uma para outra existência carnal os hábitos e comprometimentos que se transformam em saúde, enfermidade, alegria, dor, que necessitam ser compreendidos para a aquisição de resultados promissores, portanto, da felicidade que almeja.

Nessa paisagem emocional as perturbações têm predomínio, em razão dos descontroles e da própria agressividade que deveria ser transformada em ação responsável, em vez da insistência na violência e na perversidade que remanescem no inconsciente pessoal e coletivo, nos quais se encontra mergulhado.

Essas heranças reaparecem como tendências, em forma de conflitos que aturdem e infelicitam, ou através de aptidões, de habilidades que propelem ao aprimoramento, alargando os horizontes do *Self,* cada vez mais enriquecido de possibilidades de identificação com a vida coletiva.

Em face dos múltiplos fatores decorrentes do primarismo que ainda vige em a natureza humana, as perturbações são muito mais frequentes do que a harmonia e a saúde nos seus vários aspectos.

Mesmo hoje, com tanta cultura, civilização e conhecimentos, quando a razão deveria comandar os comportamentos, ainda prevalecem os instintos violentos e automáticos que não foram disciplinados, gerando novos comprometimentos negativos e perversos, que se irão incorporar ao patrimônio moral-espiritual do ser.

Por outro lado, a sociedade, como um todo, também agressiva e imediatista, faculta que padrões injustos predominem no seu contexto, elegendo como triunfadores aqueles indivíduos que tripudiam sobre os fracos e se assenhoreiam pela astúcia, pela força, pela audácia negativa dos valores que os projetam, subjugando as demais criaturas.

Há um olvido sistemático, proposital ou inconsciente, a respeito da transitoriedade do ser físico, assim como da sua perenidade como Espírito, trabalhando em favor do momento fugaz, em detrimento do permanente, empurrando a criatura para o absurdo da prepotência, do gozo alucinante e rápido, do acumular desvairado de haveres que se transferem de mãos, que contribuem vigorosamente para as perturbações no comportamento, no relacionamento interpessoal.

A educação, que deve ter em vista como prioridade os valores morais, tem cedido lugar apenas à transmissão de conhecimentos específicos ou proporcionadores de pecúnia expressiva, sempre tendo em meta a breve permanência no carro físico, quando os fatores de destruição dessa conduta se multiplicam sem cessar, a todos advertindo...

As enfermidades grassam devastadoras, os acidentes variados multiplicam-se, os enfrentamentos infelizes dão-se volumosos, e o ser humano, parecendo afogar-se no desespero das águas revoltas das ambições, para um dia, sobrenada, sonhando em gozo e glória pessoal a qualquer custo.

Essa é uma cultura perversa que leva à hediondez, porque mata os sentimentos de solidariedade, da alegria de viver, do interesse coletivo, da fraternidade, exalçando somente o egotismo injustificável e impossível de realizar-se plenamente, em razão dos *vazios existenciais* que as conquistas de fora não conseguem preencher.

A onda de desalinho se faz tão característica dessa cultura desenfreada, que se definiram para os *deuses dos esportes, das passarelas, do teatro, da televisão e do cinema* períodos definidos e curtos, cada dia mais jovens, nos quais se devem aproveitar ao máximo, porque logo estarão substituídos por outros não menos ansiosos e distônicos.

Paradoxalmente, o mesmo ocorre em outras faixas do comportamento humano, quando se elegeu que criminoso tem vida curta, conforme os jargões entre jovens traficantes e imaturos que foram vencidos pela dependência química ou pela ambição de conseguirem fortuna a qualquer preço. Autodefiniram que a sua é sempre uma existência veloz, raramente atingindo os trinta anos, e quando tal ocorre é porque se encontram *mortos* nos cárceres infectos onde fossilizam em incomum promiscuidade com outros infelizes a caminho da desintegração estrutural...

É inevitável que se multipliquem as perturbações de toda procedência, algumas mais cruéis do que outras, saindo da área do comportamento e da afetividade para as somatizações tormentosas.

Perturbações somatoformes e psicofisiológicas

Ocorre com frequência, nalgumas perturbações psicológicas, a predominância de sintomas físicos de causa desconhecida, gerando situações afligentes. Normalmente a ansiedade direta ou mesmo dela derivada responde por vários distúrbios que se transformam em mal-estares físicos, com características aparentes de verdadeiras enfermidades orgânicas. Essas perturbações conhecidas como *somatoformes*, porque assumem expressões corporais, são muito mais frequentes do que se pode pensar habitualmente.

Pessoas ansiosas transformam inconscientemente esse estado de espírito em uma perturbação que lhes assume a forma de doença física, por cujo mecanismo transferem a inquietação emocional para o sofrimento que pensam ter uma origem orgânica.

Apresentam-se sob vários aspectos e podem ser classificadas como *hipocondria*, na qual o paciente está convencido de sofrer de uma enfermidade grave que o infelicita, procurando sempre soluções médicas e reagindo à lógica da procedência psicológica da mesma. O paciente, nesse caso, assimila com facilidade as doenças de que ouve falar e, no quadro da sua ansiedade e desconforto íntimo, passa a experimentar os sintomas que caracterizam o quadro enfermiço. Da mesma forma, ocorre a *somatização*, em que o indivíduo com expressivo número de informações sobre as doenças que pensa sofrer em diferentes órgãos do corpo, passa a experienciar preocupações exageradas, piorando o quadro das aflições e acreditando na possibilidade quase imediata da morte. Apesar disso, não podem ser detectadas as suas causas físicas, por procederem do sistema emocional em desalinho. Surgem também como *perturbações somatoformes da dor*, em que o enfermo experimenta dores generalizadas que realmente fazem sofrer e que se cronificam, sem possuírem qualquer embasamento de natureza orgânica.

Esses pacientes dificilmente aceitam o diagnóstico de perturbação causada por problemas emocionais, tal a realidade que dizem experimentar na forma dos sofrimentos físicos que passam a sentir.

Dentre outras, uma das mais graves e dramáticas é a *perturbação de conversão*, tradicionalmente conhecida como *neurose histérica* e estudada por Freud, que elucidava estar na raiz dessa perturbação o conflito do indivíduo que *resolve* os seus mais terríveis conflitos mediante a sua transformação e desenvolvimento em perturbações físicas histéricas. Muitos desses enfermos, quando em crise de conversão, apresentam-se incapazes de ver, de ouvir, de movimentar-se; não obstante a ausência de fatores orgânicos que justifiquem o problema.

Invariavelmente as causas psicogênicas encontram-se, segundo alguns estudiosos, na educação permissiva que tiveram durante a infância, especialmente no que diz respeito às questões sexuais, dando lugar *à diminuição dos sintomas provocados por pensamentos e memórias sexuais agressivos*.

Numerosa no século XIX, hoje a sofisticação de *diagnóstico* pode elucidar com rapidez a procedência dessas paralisias, das cegueiras e surdezes, facilmente constatando-se a *conversão*. Dessa forma, a sua ocorrência atual tem mais probabilidade de apresentar-se em regiões geográficas onde a cultura é menos divulgada e a vivência familiar menos permissiva, qual ocorre ainda, embora com menor incidência, nas regiões rurais.

Nesse imenso capítulo das psicopatologias, diversos tipos de problemas podem dar surgimento a lesões orgânicas legítimas, como se procedessem de causas bacteriológicas ou físicas diferentes. Entre outros, estão a asma de reação alérgica, a hipertensão arterial, as úlceras, que tanto podem ser resultado de ansiedades e *stress* como terem agravados os quadros por acaso já existentes.

Essas perturbações denominadas *psicofisiológicas*, também conhecidas anteriormente como *psicossomáticas*, são muito comuns, e constituem um vasto capítulo que vem merecendo cuidados especiais.

Sejam as suas origens orgânicas ou mentais, expressam comportamentos graves na área da saúde, necessitando de bem elaboradas terapias conjugadas. Quando procedentes do organismo físico, através de medicação conveniente e adequada, mas quando decorrentes de fatores psicológicos, exigem providências especiais, a fim de serem debeladas as causas emocionais que as desencadeiam, dessa forma eliminando os efeitos destrutivos.

Sem dúvida, o fator emocional pode produzir aumento da pressão arterial, a ulceração e perfuração da parede do estômago, a peritonite, quais se fossem resultados de enfermidades gástricas convencionais.

Nesse capítulo, as doenças coronárias são igualmente muito afetadas por fatores psicológicos, podendo produzir dores intensas de caráter anginoso, em razão de determinadas áreas do coração deixarem de receber o volume de oxigênio necessário para o seu funcionamento, sendo possível até mesmo de ocasionar a morte de parte do tecido muscular do órgão, quando este sofra total ausência do elemento vitalizador.

Certamente, os fatores mais graves que desencadeiam os bloqueios arteriais estão vinculados à hereditariedade e a outros de natureza biológica, que aumentam a possibilidade da instalação da doença, tais o tabagismo, o colesterol, a obesidade, o abuso do sexo, especialmente nos homens. Além, portanto, desses, de natureza biológica, determinados padrões de comportamento psicológico adicionam riscos que podem ser prevenidos em relação a essas doenças cardíacas.

São inúmeras as terapias biológicas, mediante a abordagem clássica da Medicina em relação a cada tipo de enfermidade. No entanto, a psicoterapia nos casos examinados é portadora de excelentes resultados, desde os métodos da Psicanálise Clássica, Behaviorista, Humanista, Profunda, Transpessoal, aos alternativos, que vêm oferecendo uma contribuição valiosa para o deslindar de problemas comportamentais e das suas consequências orgânicas.

Constituições emocionais frágeis, facilmente se perturbam ante os desafios existenciais, ou sofrem os efeitos da educação deficiente no lar, da *mãe castradora* ou neurótica, da família desajustada, das pressões sociais e financeiras do momento grave que se vive na Terra, derrapando em transtornos complexos.

A observância de equilibrados padrões de conduta, a cooperação saudável com o psicoterapeuta, o esforço bem-direcionado para uma honesta mudança de pensamentos, utilizando-se de reflexões e meditações, de técnicas de relaxamento, de convivência enobrecida com pessoas agradáveis, contribuem igualmente para a reconquista do bem-estar e do equilíbrio, superando essas perturbações que os afetam e podem levá-los à loucura ou à morte.

Deve-se ter em conta, igualmente, que essa fragilidade emocional que caracteriza uns biótipos de outros diferentes tem as suas raízes nos comportamentos ancestrais de existências passadas, quando elaboraram o futuro, no qual ora se encontram.

O inconsciente pessoal de cada um deles traz insculpidos a *culpa* transata ou o medo, ou ambos simultaneamente, que ora se transformam em ansiedade em relação ao tempo, como que para fugir de qualquer consequência danosa, que sabe se dará, mas não tem ideia consciente de quando ocorrerá.

Sociopatias

Na classificação das doenças que afetam a mente, podem-se encontrar os indivíduos que são vítimas da desviância social e tombam na criminalidade. Torna-se algo difícil de estabelecer quando o paciente é um criminoso no sentido pleno da palavra, por desviância social ou por transtorno esquizofrênico, apresentando-se muito tênue o limite entre a normalidade e a criminalidade ou entre as perturbações de ordem mental e a criminalidade.

Examinemos, apenas, os *sociopatas* ou pessoas com *perturbação antissocial da personalidade*.

Esses indivíduos normalmente são portadores de um bom nível de conhecimento, não obstante o temperamento belicoso desde a infância, quando se permitiram atividades sexuais precoces e exaustivas, e cuja conduta escolar foi reprochável, em razão das faltas contínuas às aulas, para se facultarem perturbações infligidas aos outros. Nesse período, não puderam dissimular a perversidade para com os animais, que lhes sofreram aguerridas perseguições. Com uma tendência muito grande à promiscuidade, não se vinculam socialmente a nenhum grupo, sendo geralmente solitários, em cujos períodos se permitem elaborar os seus projetos de inquietação e mesmo de crueldade contra as pessoas.

São desprovidos dos sentimentos de amor e de respeito pela sociedade, como também ignoram os deveres de lealdade para com o próximo e em relação a todo aquele que se lhe acerca. São capazes de cometer deslizes graves e de tomarem atitudes ilegais sem qualquer arrependimento, culpa ou ansiedade, permanecendo frios e insensíveis ao que ocorre à sua volta. Não demonstram interesse por contribuir de alguma forma com a sociedade, antes fazendo questão de traduzir o seu mau humor, silenciosos e isolados em todo momento que lhes é facultado.

Em razão do distúrbio que os comanda, vivem exclusivamente o presente, isto é, todo o seu empenho centra-se no prazer do momento, sem preocupações significativas em relação ao futuro, mas também com nenhum remorso em relação aos atos praticados, mesmo quando hajam gerado sofrimento e perturbação nos outros.

São solitários por prazer, tornando-se insociáveis, podendo dissimular muito bem os seus sentimentos quando em sociedade, hábeis na arte de conquistar e apresentar gentilezas externas, sem qualquer participação emocional, o que lhes dá aparência de normalidade. E assim procedem, porque desejam, além de dissimular as suas torpezas, atingir alguns propósitos que agasalham interiormente. Nesses momentos de breve duração, conseguem cativar e fazer-se estimados. No entanto, não logram manter o mesmo clima em largo período, como, por exemplo, na convivência familiar ou num grupo social, por mais reduzido que seja. Quando ocorre estar em qualquer grupo, apesar da aparência contrafeita, procuram assumir a liderança com que atendem ao egoísmo e se comprazem em comandando os demais, desde que não seja perturbada a sua solidão espontânea. São caprichosos e renitentes, procurando sempre discutir, brigar, em permanente conflito contra os outros indivíduos e a sociedade.

Não devem ser confundidos com os criminosos comuns, embora possam derrapar em atos ilegais e mesmo hediondos, conforme as circunstâncias em que se encontrem. Por formação distorcida da personalidade, não obedecem a qualquer código, e quando o fazem, é exteriormente, a fim de atingirem metas que preservam escondidas no pensamento e esperam alcançar.

Existem causas possíveis desencadeadoras dessas sociopatias, considerando-se que aqueles que as sofrem são, invariavelmente, destituídos de medo e de ansiedade, podendo manter-se indiferentes ao perigo, por permanecerem em estado de infância, com uma imaturidade cortical, que fisiologicamente explicaria a sua maneira de assim serem. Análises feitas mediante eletroencefalogramas demonstraram anormalidades típicas, que responderiam pelo seu estado emocional. Em razão dessa disfunção cortical, o sociopata permanece num estado quase de sono, não totalmente acordado durante os períodos normais. Seria talvez em função dessa subativação cortical, que buscaria inconscientemente motivação estimuladora mediante a emoção do perigo para alcançarem um bom nível de atividade. Em razão dessa disfunção fisiológica, creem alguns estudiosos, manifestar-se-iam as sociopatias.

Propugnam também que a disfunção tem causa genética, bem como fatores ambientais que levaram a uma socialização precoce, sem qualquer disciplina familiar, completando, desse modo, o quadro para a instalação da perturbação.

Constata-se, é certo, que o *Self*, no sociopata, é desintegrado do *ego*, sofrendo uma fissura que impede o perfeito relacionamento que produziria o seu ajustamento ao grupo social. Isso decorre de heranças morais e espirituais que procedem das experiências infelizes de outras reencarnações, quando o Espírito delinquiu, ocultando a sua culpa e fugindo da convivência humana, *matando* a sensibilidade e deslocando-se do epicentro do amor pleno para o egocentrismo imediatista, encarregado da gratificação pelo prazer sensório-emocional.

A ação perversa, a que se entregam, gera bem-estar nos seus agentes, preenchendo com satisfação mórbida o vazio existencial, porque destituídos de significados psicológicos e de objetivos dignificadores que promovem a criatura e a tornam integrada no mundo objetivo onde vive, sentem-se *abandonados*, fugindo para o isolamento de onde saem apenas para afligir os outros.

É inadiável a necessidade de tratamento enérgico dessa perturbação, qual se aplica a outros pacientes portadores de transtornos psicóticos profundos, ao mesmo tempo realizando-se psicoterapia de grupo, de forma a despertar o interesse do enfermo para fora do *ego.*

Essa marcha do eu para o nós jamais se poderá dar a sós pelo paciente, desde que, deslocado do centro comum de interesses, não se sente motivado a alterar a conduta que se vem aplicando, por nela encontrar isolamento, evitando-se trabalho e preocupação que denomina sempre como aborrecimento para o seu tedioso comportamento doentio.

O sociopata é enfermo da alma, que se pode recuperar mediante esforço conjugado entre o seu médico, o psicoterapeuta, o grupo de ajuda e ele próprio, reconquistando, desse modo, a real alegria de viver na sociedade que se encontra aberta a todos que nela desejem construir felicidade.

Fobias

Entre as perturbações desencadeadas pela ansiedade, destacam-se, invariavelmente, as fobias, que se trata de um medo irracional de determinado objeto, situação ou circunstância.

Denominadas no passado de maneira especial na língua grega, essas perturbações apresentavam-se de maneira esdrúxula e ameaçadora.

Em face da variedade de objetos e circunstâncias que as desencadeiam, passaram a constituir um capítulo denominado como de fobias específicas. A que se refere às alturas – acrofobia –, dos recintos fechados – claustrofobia –, das multidões – oclofobia –, dos gatos – ailurofobia –, dos micróbios – bacilofobia...

O que chama a atenção é o medo em si mesmo, porque destituído de qualquer racionalidade, pela impossibilidade da ocorrência de qualquer mal ou prejuízo, no entanto irresistível, levando ao desespero aqueles que lhes sofrem o aguilhão. Em face dessa irracionalidade, o paciente está preocupado com algo que lhe aconteça e o infelicite, gerando-lhe dissabor e sofrimento, mesmo que todas as análises dos fatos demonstrem a total impossibilidade disso ocorrer.

Desde há muito tempo, tentou-se encontrar os desencadeadores que respondem pelas fobias, sem resultado muito proveitoso. No entanto, o eminente John Locke acreditava que esses medos provinham de fatores associativos, fortuitamente gerados por ideias apavorantes que ficaram arquivadas no inconsciente, tais as narrações de contos fantasmagóricos e de tragédias, de almas de defuntos que viriam buscar as pessoas, produzindo medo do escuro, de dormir sozinho, e desenvolvendo ansiedade e outros distúrbios.

Ainda hoje a tese tem validade, e muitos autores recorrem à possibilidade de teoria do condicionamento clássico. O motivo desse condicionamento é o objeto temido e o efeito é o condicionado, que se expressa na ativação autonômica, que apresenta disritmia cardíaca, sudorese álgida e abundante...

Quando a pessoa foi vítima de um animal ou de uma circunstância desagradável, isso poderá desencadear uma fobia específica em relação à ocorrência. Normalmente, porém, generaliza-se esse estado fóbico em relação a outros estímulos, mesmo que não apresentem perigo. Despertado esse estímulo perturbador em outra circunstância, o medo ressurgirá e se expressará em condicionamento a outros diferentes estímulos.

Embora existam outras teorias para explicarem as fobias, como a *teoria da prontidão,* sempre surgem críticas em razão dos casos que se deslocam das matrizes iniciais, no caso, a herança dos *medos do homem primitivo em relação a serpentes, aranhas, baratas* e outros motivos que foram transferidos através das gerações ao ser humano. Assim sendo, concluem alguns estudiosos que há uma tendência inata no ser humano em assimilar determinados estímulos mais do que outros, o que daria surgimento aos fóbicos.

Nesse capítulo, as *fobias sociais* desempenham papel perturbador no comportamento de diversas criaturas, pelo medo que possuem de serem humilhadas em público, de ao terem que falar em reuniões, gaguejarem, e não poderem desincumbir-se a contento, asfixiarem-se em refeições em restaurantes ou reuniões sociais, assim evitando quaisquer ocasiões que possam desencadear essa desagradável ocorrência. Em consequência, fogem das reuniões e grupamentos sociais, poupando-se a sofrimentos que lhes parecem insuportáveis. Não raro, quando obrigadas a participação em festas, recepções, encontros, convivências, procuram ânimo em bebidas alcoólicas e drogas outras, sempre com resultados de efêmera duração, que terminam por adicionar ao transtorno fóbico a dependência ainda mais cruel e de mais difícil erradicação.

As fobias estão associadas espiritualmente a condutas incorretas anteriormente vivenciadas, quando se permitiram os indivíduos abusos e crueldades, ou sofreram sepultamento em vida, considerados mortos e estando apenas em estado cataléptico, despertando depois e vindo a falecer em situação deplorável, desenvolvendo a *claustrofobia*, ou foram vítimas de crueldades em praças e ambientes abertos, diante da massa alucinada, desencadeando *agorafobia* e fobia social, etc. Noutros aspectos, ocorrências traumáticas não superadas, transferiram os estímulos geradores de sofrimentos que ora se converteram em *fobias específicas*.

Ao lado de diversas psicoterapias valiosas capazes de reverter o quadro fóbico, não há como negar-se a valiosa psicanálise, bem como a terapia regressiva a existências passadas, de acordo com cada distúrbio, de modo a encontrar-se o estímulo traumático e trabalhá-lo cuidadosamente, assim interrompendo-lhe a força associativa.

Não obstante os resultados positivos que possam advir, é conveniente não se esquecer da renovação moral do paciente, da sua mudança mental de atitude para com a vida, ao mesmo tempo laborando em favor do grupo social, portanto de si mesmo, com vistas ao seu futuro saudável e feliz.

9
O SIGNIFICADO EXISTENCIAL

AMBIÇÕES DESMEDIDAS • AFLIÇÕES DA POSSE E DA NÃO
POSSE • ENCONTRO COM O SELF

A visão hedonista sobre a existência humana tem levado multidões às alucinações do prazer, numa interpretação totalmente equivocada sobre a realidade do ser.

A descoberta do significado da vida é de relevante magnitude, porque dá sentido à luta e aos desafios que surgem frequentemente, convidando o indivíduo ao avanço e ao crescimento interior.

Esse sentido existencial é uma forma de religiosidade que deve possuir um alto significado motivador para que o indivíduo não desfaleça nos empreendimentos evolutivos.

Não raro acredita-se em significados meramente materiais como os objetivos de toda atividade humana. Por certo, a conquista de valores imediatos produz estímulos internos, concitando ao prosseguimento dos esforços e à sua manutenção otimista. No entanto, serão aqueles subjetivos, nem sempre identificados pela forma e característica do convencional, que despertam e induzem ao prosseguimento de todos os sacrifícios.

Há quem, de maneira pessimista, assinale que a vida humana é uma infrutuosa experiência, na qual a dor e as transformações perturbadoras desempenham papéis significativos. Outros creem que o tédio e o desfalecimento que tomam conta dos indivíduos são responsáveis pela falta de metas legítimas, porque o ser humano é somente "um animal que pensa." Nada obstante, a beleza, a arte, a cultura, a ciência, a solidariedade, os sentimentos humanitários, a fé religiosa demonstram que o ser humano é um incessante conquistador, que avança resoluto na busca do fim pelo qual anela.

Se não cultiva um ideal religioso, encontra-se desvinculado do Fulcro gerador de vida, e, desse modo, desfalece com mais facilidade, por encerrar na anóxia cerebral e, portanto, na morte orgânica, todos os objetivos existenciais, o que não deixa de ser um grande engano. Há, mesmo, nesse tópico, indivíduos que, em se vinculando aos ideais de engrandecimento humano, tornam-nos sua religião, na qual se realizam e desenvolvem outros contingentes de forças físicas, morais e psíquicas que os auxiliam nos enfrentamentos, tornando-os heróis internos, em si mesmos, vencedores de alto significado.

O Espírito humano é o mais elevado clímax da evolução antropossociopsicológica na Terra. No entanto, não constitui a etapa final desse processo, porque novos investimentos lhe são oferecidos ou adquiridos, quando encerrando alguns ciclos de conquistas, abrem-se-lhe novas frentes para o próprio engrandecimento.

Encontrando-se no campo objetivo da vida, crê-se que tudo deve ser considerado através dos padrões físicos, fisiológicos, materiais.

O ser humano, todavia, é um *feixe de emoções* por deslindar e desenvolver, de forma que se facultem estados interiores de bem-estar e de plenitude, que independem de coisas e de lugares, de circunstâncias e de posses.

Não se trata de uma questão filosófica ou teórica, mas de uma realidade existencial, na qual todo indivíduo experiencia valores internos que lhe podem estimular ao autoconhecimento ou bloquear-lhe as percepções extrafísicas.

Inevitavelmente, vendo a vida como um amontoado de enigmas, certo aturdimento invade a pessoa, que parece desestruturada para os resolver, temendo ser vencida pela variedade dessas ocorrências inesperadas. Sem embargo, o largo passo da Cultura, da Ciência e da Tecnologia, desvendando sem parar o desconhecido, diminuindo as dores excruciantes que antes eliminavam milhões de seres, muito vem contribuindo para que outros, que jazem ocultos e desafiadores, sejam também ultrapassados, deles retirando-se os benefícios que são decorrentes da sua solução.

Os atavismos que remanescem no ser, mantendo-o na faixa primária das reações comportamentais, têm tornado a existência tumultuada e, às vezes, quase insuportável, com os estertores das guerras de toda natureza, que se multiplicam no ser e à sua volta. Igualmente, as propostas filosóficas, éticas, morais, religiosas e humanitárias vêm trabalhando para que se altere essa situação lamentável, provocada por alguns ignóbeis legisladores que, atormentados e insanos, fazem-se responsáveis pelos tenebrosos comportamentos que assaltam a sociedade, tornando-a, muitas vezes, mais perigosa do que as selvas...

O esforço para se encontrar o significado existencial deve ser contínuo, porquanto a sua falta, o seu não conhecimento podem produzir transtornos internos que dão surgimento a processos psiconeuróticos.

Pessoas inteligentes, lúcidas, estoicas, bem situadas financeiramente, amadas, quando perdem o sentido da vida e tombam nesse vazio existencial, que a Religião sempre preenche oferecendo metas transpessoais, sentindo-se inúteis, desenvolvem transtornos neuróticos que necessitam ser superados, reencontrando a razão de ser da vida, a utilidade de viver, as imensas possibilidades que lhes estão ao alcance para se tornarem felizes e plenas.

São, portanto, valores subjetivos, como a oração, a meditação, a reflexão, a calma e o trabalho em favor da renovação pessoal, que conseguem preencher emocionalmente, reestruturando o indivíduo em relação à existência humana.

Essa viagem silenciosa é intemporal, não podendo ser realizada em determinado período de tempo, através de objetivos imediatos, mas por meio de experiências psíquicas e emocionais que transcendem a consciência atual, oferecendo-lhe meta segura mais adiante.

A necessidade da Religião ressalta pelo significado profundo de que se reveste, oferecendo compensação e equilíbrio após a vilegiatura carnal. Então, o significado existencial incorpora-se ao consciente atual e estimula as funções do pensamento, que passarão a trabalhar pela qualidade de vida e não apenas pela conquista de coisas que poderiam pressupor a totalidade externa das aquisições.

Ambições desmedidas

As imagens arquetípicas do prazer, que surgem e permanecem no imo de todo indivíduo, respondem pelo que se convencionou denominar a conquista dos valores objetivos.

A educação hedonista, desde cedo, trabalha o aprendiz para que ele desenvolva a capacidade de não se deixar enganar, para os objetivos que lhe ofereçam recursos para triunfar no concerto social. As suas aspirações são direcionadas pelos pais e educadores que estabelecem quais as atividades rendosas, os empreendimentos lucrativos, os mecanismos sociais para o poder e o destaque na comunidade, empurrando os educandos em formação para esse campeonato insensato. Não conhecendo o pretérito desses Espíritos, violentam-lhes os objetivos do renascimento corporal, impondo-lhes, pela cultura e comportamento programado, a conquista daquilo que pode preencher as necessidades temporais e acalmar os desejos esfogueados.

Concomitantemente, abrem-se-lhe, na atualidade, as portas da libido mediante a experiência sexual antes da maturidade psicológica, produzindo conflitos vários que se lhes insculpem nos refolhos do ser proporcionando transtornos e aflições.

Vivenciando apenas a expressão física, esses educadores inábeis desenvolvem, nos seus aprendizes, como necessidade preponderante a valorização da ambição para atingir as metas sociais a qualquer preço, mesmo quando isso desenvolva perturbação íntima e conflito de consciência. Creem que podem anular o discernimento, orientando para um único roteiro, que é o poder, que os aturde, ou que os infelicita quando conquistado, encerrando, nessa fantasiosa proposta, o sentido e o significado existenciais.

Vinculados a essas ambições desmedidas, surgem os impositivos da moda, estabelecendo padrões de beleza física, mediante descabidos mecanismos, que variam de época para época, conforme a perda do sentido da vida e o tédio disso decorrente.

Violentando a constituição orgânica do homem e da mulher, que pretendem competir com os mitos ancestrais, na beleza, na aparência, na força, e atingirem o pódio da perfeição estabelecida, surgem os ditadores da elegância impondo alguns dos seus conflitos e arrastando multidões imaturas para os seguirem em revoada que termina, quase sempre, em quedas desastrosas nos transtornos neuróticos, tais a anorexia, a bulimia, o desprezo por si mesmo, quando não conseguem atingir as medidas estabelecidas, caindo em sórdidos poços de depressão. Outrossim, sob a desculpa de irrigar bem o organismo e estimular o coração, são apresentados programas exagerados de musculação e de ginástica, que terminam por levar jovens ambiciosos e desestruturados aos esportes radicais com gravíssimos prejuízos psicológicos e orgânicos.

O fenômeno biológico é irreversível, e todos aqueles que nascem, morrem, abandonando a carcaça que lhes atendeu os compromissos durante o prazo para o qual foi programada.

A alucinada ambição de manter a juventude mediante implantes, cirurgias, hormônios e métodos bizarros, somente levam à inutilidade da vida, que perde o seu significado quando não é conseguido o objetivo banal, que se transforma em algoz impiedoso. Mas não cessa aí a luta daqueles que se entregam exclusivamente ao fenômeno passageiro. A competição que se teme, em relação aos mais jovens, com melhores possibilidades de êxito, cada vez mais juvenis, sem qualquer sentido de discernimento e compreensão para as atribuladas situações a que são empurrados pela beleza física, pela perfeição de linhas, pela elegância, que logo cedem lugar às naturais enxúndias e *celulites,* que se apresentam em diferentes partes do corpo, exigindo-lhes mais malhação, mais alimentação específica, mais tormento íntimo, mais entrega ao sexo, ou às libações alcoólicas, ou às ingestões de drogas químicas, tornam-se-lhes mecanismos de fuga que os ajudam a suportar as tensões...

Os *deuses* de um dia logo tombam do trono, cedendo lugar a outros que os substituem, desaparecendo nas sombras dos tormentos que vencem alguns e os submetem a processos de desesperação incomparável.

Com a precipitação para que sejam amainadas as ambições desmedidas, a criança e o jovem hodiernos dispõem cada vez de menos tempo para a imaginação criativa, para esse período enriquecedor, para os folguedos saudáveis, interrompidos pelas imagens da violência e do sexo em desalinho, quando o *Self*, nessa fase, desenvolve-se e amadurece, estabelecendo as diretrizes de segurança e equilíbrio para a própria existência.

Da mesma forma, os esportes que celebrizaram os gregos, especialmente os atenienses, tornando-se profissionalizados, facultam que *gangues* e *máfias* administrem a maioria deles, transformando os desportistas vítimas das suas maquinações e perversidades, viciando uns para os aniquilar, utilizando-se de outros para lucros exorbitantes, marginalizando os competidores que não se lhes submeteram, destruindo o idealismo, a competitividade saudável que sempre existiram, para que as rendas sejam cada vez mais altas e os grupos dominadores mais poderosos.

À semelhança dos antigos gladiadores, os indivíduos despersonalizam-se, vivendo sob os holofotes da ilusão, sem amor, mas sempre cercados de interesses servis, sem paz, no entanto obrigados a parecerem modelos de conduta após alçados ao estágio mitológico.

    Entre aqueles que armazenam valores amoedados, ao atingirem o topo, não lhes bastam o volume incalculável de dinheiro que acumulam, mas é necessário tornar-se o *homem mais rico do mundo, um dos dez mais, o melhor investidor da Bolsa...* Enquanto isso, o ser humano que é permanece em plano secundário, valendo, enquanto domina, e abandonado assim que começa a descida nas requisições para as movimentadas festas sociais, substituídos por outros não menos ambiciosos e neuróticos.

    Sem dúvida, alguns indivíduos que não perderam o sentido da vida, embora mantendo as ambições desmedidas, olharam para trás ou para baixo, como se convencionou dizer, e reservam algumas das suas moedas para as obras humanitárias de benemerência, com as quais, isto sim, imortalizam-se no mundo. Outros, que se destacam na mídia devoradora e perversa, recordando-se das suas dificuldades iniciais, quando lúcidos e ainda não intoxicados pelos vapores da alucinação momentânea do êxito, apresentam-se em espetáculos beneficentes para atraírem público, revertendo as dádivas da sua imagem para auxiliar obras meritórias e vidas em soçobro.

    Uma identificação religiosa do indivíduo trabalhará em favor da mudança das ambições desmedidas para a conquista do necessário, daquilo que produz poder e prazer, mas que não se transforma em gozo neurotizante de funestas consequências.

    O ser humano deve aprender a ser feliz conforme as circunstâncias, introjetando e vivendo a compreensão da sua transitoriedade física e da sua eternidade espiritual.

Na juventude, a visão, não poucas vezes, distorcida pela imaturidade psicológica, pelo deslumbramento e pujança dos hormônios, o sentido da vida apresenta-se sob um aspecto que não corresponde à realidade. Só mais tarde, quando a maturidade e a velhice dominam as estruturas emocionais e orgânicas, é que se adquire o conhecimento real do sentido existencial.

Será maravilhoso o dia, quando se possa difundir o significado da vida e estimular os começantes nas experiências humanas a descobrir, cada qual, conforme suas emoções, o que lhe será de melhor e de mais compensador proveito. Assim, serão evitadas muitas manifestações neuróticas, especialmente as que decorrem do vazio existencial ou da frustração pelas não conseguidas ambições desmedidas que não têm fim...

Aflições da posse e da não posse

Envolvida pela filosofia da posse, a criatura humana pensa que o significado existencial seja essa conquista.

Assim acreditando, pensadores variados, desde remotas épocas da civilização ocidental, estabeleceram critérios para a sobrevivência feliz do ser, no báratro das incertezas terrestres.

Propuseram que a finalidade da vida, o seu sentido existencial, é o gozo e somente através da posse de recursos amoedados e outros se torna possível atender a essa exigência, porque aquele que tem pode e quando pode adquire o que lhe apraz, o de que necessita, condição essencial para ser feliz.

No jogo dos interesses sociais, no entanto, pode-se perceber que nem sempre a posse é responsável pelo significado que conduz à felicidade, porque não poucos aquinhoados apegam-se de tal forma aos bens que pensam possuir, que terminam sendo por eles possuídos em tormentosos dramas emocionais.

Receiam os acontecimentos internacionais, que alteram a escala de valores das moedas e dos empreendimentos, dos juros e câmbios, o que lhes produz ansiedade incontrolada, pela ameaça de perderem altas somas nas variações da Bolsa, na qual investem expressivas somas, que os fazem ricos e inquietos.

Passam a esquecer a própria identidade, acreditando que não são capazes de gerar simpatia e amor, companheirismo e afetividade, porque aqueles que se lhes acercam talvez estejam interessados nas suas posses mais do que nos seus sentimentos. Quando isso não ocorre, o inverso se manifesta, gerando a crença absurda de poderem comprar fidelidade, carinho, saúde e paz. Certamente, em determinados momentos, as moedas auxiliam na aquisição de recursos outros que propiciam segurança, equilíbrio orgânico, acompanhamento. No entanto, iludem-se, na maioria das vezes, aqueles que se aferram às posses, porque os seus nomes célebres e os seus tesouros atraem aventureiros de todo porte que desejam ser vistos ao seu lado, que planejam conúbios sexuais para os explorarem depois, enquanto se entregam, esses usufrutuários, a outros enganadores que os dilapidam e os abandonam após o uso...

São tais paradoxos humanos que produzem as *vidas vazias, as vidas ressequidas,* a falta de sentido existencial e de significado para lutar-se e crescer-se interiormente, descobrindo-se a real felicidade de viver.

Se, de um lado, existem os escravos do que têm, enxameiam no mundo aqueloutros estranhos dependentes da não posse, cujas vidas somente adquiririam qualquer significação se possuíssem... Quanto mais adquirem, mais esperam reunir, transferindo para o futuro as suas aspirações e vivendo do que falta, em tormentosa conjuntura neurótica.

A verdadeira libertação da posse enseja também a da não posse. O que não se tem, bem examinado, não faz falta, porque é possível viver com aquilo que está ao alcance, desde que se coloque a mente e o sentimento no padrão em que se encontra.

Quem tem dinheiro e poder, às vezes sofre carência de saúde e de paz, ou de amor e de ternura, ou de liberdade para fazer o que lhe interessa e não somente o que as circunstâncias lhe exigem. Igualmente, quem não o tem, pode encontrar-se em alegria e confiança de melhores dias, ou em clima de resignação, experienciando a escassez que o auxiliará a administrar a abundância quando ou se chegar a alcançá-los.

Ultrapassada a questão da posse e da não posse, ocorreu a alguns filósofos que a existência é sempre assinalada pela dor, e em face dessa constatação, apresentaram a proposta estoica, que via o mundo apenas do ponto de vista material. O significado da vida deveria ser a luta travada para superar o sofrimento, vivendo de acordo com a Natureza e resignando-se aos impositivos do destino, à justiça, porque o mundo, em consequência, seria justo, em razão de ser racional. Através do eudemonismo, na visão estoica, a finalidade existencial consiste em exercitar a própria virtude, aprimorando-se sempre para alcançar a felicidade. Embora a proposta eudemonista, os estoicos também se empenharam muito em favor de mudanças do conjunto, através de severas críticas sociais e políticas.

Iniciado por Zenão de Cítio e desdobrado o estoicismo em diferentes fases do desenvolvimento da cultura e do tempo, foi adotado por notáveis pensadores do pretérito remoto e próximo, que o levaram a Roma e o espalharam por toda a Europa, dando lugar, no *período novo,* quando adotado pelos romanos, a especulações de caráter religioso e moral, havendo-se destacado nessas fileiras, dentre outros, Sêneca, Marco Aurélio, Epícteto, que lhe ofereceram considerável contribuição.

Assim mesmo, a atitude estoica não deve ser encarada como a meta do significado existencial, porque, não raro, ao aceitarem-se as injunções do mundo material surgem situações morais e emocionais que não podem ser controladas, e que induzem ao desespero e ao desequilíbrio, tanto quanto o inverso é verdadeiro.

A busca do significado prosseguiu e encontrou no idealismo a primazia do mundo transcendente ou das ideias sobre o material, orgânico e único. O conceito é vasto e situa na consciência todas as coisas e o próprio mundo, convidando o ser à percepção dessa realidade. Iniciado na Escola de Eleia, na Grécia, vicejou largamente através dos tempos, tornando Descartes o pai do *idealismo moderno,* que propunha a busca da verdade legítima, que não pode ser encontrada nas coisas, seja como for que se apresentem. Dividindo-se, posteriormente, em duas correntes: o empírico e o absoluto, foi enriquecido por filósofos extraordinários, que tentaram demonstrar a necessidade da conquista interna relevante. Hegel, por exemplo, propôs que a verdade precede e gera o ser.

Nessa proposta, o pensamento de Platão ressurge, quando demonstra que o *ser* é o real, sobrevivente e precedente ao *não ser*, elucidando que o Espírito vem do *mundo das ideias*, ao qual retorna, assim estabelecendo conduta ético-moral expressiva e dedicação aos nobres objetivos existenciais.

A busca psicológica do significado existencial deve revestir-se, portanto, de uma visão idealista do mundo, sem os excessos que desprezam os valores materiais, mas também sem o apego a esses, pensando-se em assegurar o futuro para onde se marcha.

A saúde emocional e orgânica resulta, nessa tese, dos fatores que diluem a ansiedade e alteram as heranças do passado, oferecendo novos arquétipos que podem ser elaborados conforme as necessidades que surjam e as aspirações que o inconsciente pessoal libere, já que nele encontram-se armazenadas as propostas do progresso e da felicidade humana.

Consciente das naturais limitações impostas pelo *não ser*, que é o corpo, sempre em constantes alterações, o indivíduo dá-se conta que é necessário superar a clausura carnal e alcançar o *Self*, concedendo-lhe primazia no comportamento, de forma que os *conteúdos psíquicos* identifiquem-se com o *ego*, harmonizando aspirações e anseios que devem marchar juntos.

Alcançar o ser consciente, descobrindo os objetivos essenciais da existência, torna-se uma psicoterapia preventiva, trabalhada pelo autoconhecimento, ou de natureza curadora, quando estejam em processo de instalação os desafios e conflitos que resultam da busca equivocada da posse ou da não posse, até então tidas como objetivo essencial do indivíduo.

Encontro com o Self

O notável psiquiatra Carl G. Jung definiu o *Self* como: "*a totalidade da psique consciente e inconsciente*", acrescentando que: "*essa totalidade transcende a nossa visão porque, na medida em que o inconsciente existe, não é definível; sua existência é um mero postulado e não se pode dizer absolutamente nada a respeito de seus possíveis conteúdos*".

Nada obstante a sua muito bem elaborada conceituação, se o consideramos como o Espírito imortal que precede à concepção e sobrevive à dissolução carnal, teremos, nos depósitos profundos do seu envoltório semimaterial, que é o perispírito, o *mero postulado* que é o inconsciente pessoal, no qual estão arquivadas as experiências ancestrais resultantes de todas as reencarnações ao longo do processo evolutivo a que se encontra submetido. Esse arquétipo, imagem original ou *imago Dei* que vige no ser humano e concede-lhe a abrangência da consciência e da inconsciência, respondendo pela sua totalidade, procede do *Arquétipo Primordial*, Consciência Cósmica, Deus ou Causalidade Absoluta.

Toda atividade consciente ou não do ser humano deve dirigir-se para a perfeita identificação do Si-mesmo, integrando os conteúdos psíquicos remanescentes das memórias pretéritas – extratos das reencarnações ínsitos no inconsciente pessoal – com o *ego*, de maneira que a sua seja a busca desse *Arquétipo Primordial*, de modo a conseguir a harmonização de natureza cósmica, que deverá ser a fatalidade do processo evolutivo.

Nessa jornada de integração dos conteúdos psíquicos com a realidade do Eu, os valores éticos se destacam propondo o equilíbrio do ser, que se liberta das fixações perturbadoras que dão curso aos distúrbios neuróticos, assim como aos conflitos que procedem dos erros cometidos, e que se impõem como necessidades reparadoras em forma de transtornos de diferentes graus.

A autoconsciência se lhe afirma à medida que descobre o objetivo essencial da existência humana, que é a autoidentificação, percebendo todos os valores que se lhe encontram em latência aguardando o desenvolvimento das possibilidades para torná-los vibrantes e participantes da vida.

Os remanescentes conflitivos cedem, então, lugar à saúde emocional, a pouco e pouco, substituídos pela segurança de conduta, pelas realizações enobrecedoras, pela superação dos tormentos da consciência bem como da culpa, permitindo-se crescer sem fronteiras ou limites, desbravando todo o potencial inconsciente que jaz ignorado, não obstante seja portador de tesouros incalculáveis, e não somente de angústias e perturbações que ressumam periodicamente em forma de desequilíbrios.

O ser humano é o protótipo máximo do processo evolutivo até o momento, cabendo-lhe descortinar horizontes grandiosos e avançar com decisão para conquistá-los.

Para quem se empenha nessa luta, não existem limites que não possam ser conseguidos, desde que as dificuldades e os desafios sejam considerados como estímulos e possibilidades por alcançar.

O hábito da reflexão e o exame dos conteúdos espirituais que procedem das diferentes épocas do pensamento tornam-se valiosos contributos para a conscientização do *Self*, que supera os automatismos anteriores a que se vê compelido para agir com acerto e consciência nos variados cometimentos que lhe dizem respeito.

Se, por acaso, algum distúrbio lhe tisna, por momentos, a claridade do discernimento, compreende que se trata de uma herança perturbadora que deve ser ultrapassada, diluindo-a, mediante a autoconsciência, que permite encontrar o melhor recurso a ser utilizado. Ante as investidas neuróticas, defluentes de fatores endógenos ou exógenos, que fazem parte do processo evolutivo, aceita-as e enfrenta-as com lucidez mental e compreensão emocional, permitindo-se novas experiências saudáveis que se sobrepõem ao conflito, eliminando-o.

Ninguém atravessa a existência sem essas heranças perturbadoras, que se encontram na própria essência do ser. Apesar disso, a consciência do Si ajuda-o a enfrentar os aparentes impedimentos, insculpindo novos valores que se desenvolverão lentamente, conquistando os espaços antes ocupados pelos temores injustificáveis ou culpas superáveis.

Fobias, ansiedades, amarguras, fixações torpes, encontram-se no inconsciente pessoal, resultantes das experiências variadas que não foram eliminadas por catarses indispensáveis à sua eliminação. Para tanto, os processos psicoterapêuticos têm por meta, além de os sanar, integrar o ser nos valores profundos do *Self*, na sua consciência divina, onde pulsam as vibrações cósmicas do amor, encarregadas da sustentação da vida e de todos os seus atributos.

Quanto maior for a conscientização do *Self*, mais fáceis se lhe tornam os avanços no desdobramento dos inimagináveis tesouros de conhecimentos, belezas e harmonias, que estão adormecidos nos seus refolhos mais delicados e profundos.

A adoção de um comportamento rico de religiosidade, sem temor nem ansiedade, sem transferência da realidade objetiva para as fugas subjetivas, superados os mecanismos conflitivos que induzem à busca da fé religiosa somente para fugir dos desafios mundanos, constitui uma metodologia preciosa e saudável para o mister de integração plena e tranquila nos superiores objetivos existenciais.

Na condição de Psicoterapeuta por excelência, Jesus, analisando os conflitos que atormentam o ser humano, exarou com sabedoria, conforme as anotações de Mateus, no capítulo cinco do seu Evangelho, no versículo vinte e cinco: *"Concilia-te depressa com o teu adversário, enquanto estás no caminho com ele, para que não aconteça que o adversário te entregue ao guarda, e sejas lançado na prisão."*

Inevitavelmente percebe-se que o adversário é interno, são as paixões dissolventes que aturdem o ser, e que, em desalinho, encarceram a consciência nos conflitos, gerando os tormentos a que se entregam todos aqueles que se deixam vencer pela culpa, transformada em fobia, ou em angústia, ou em ansiedade, ou em insegurança, ou em transtorno neurótico de outro porte qualquer.

Logo depois, no versículo vinte e seis do mesmo capítulo, Ele aduziu: *"Em verdade te digo que de maneira nenhuma sairás dali enquanto não pagares o último ceitil."*

A oportuna referência tem um caráter terapêutico, lecionando que se faz necessária para a paz íntima, a reconciliação com o *adversário* – os referidos hábitos mórbidos, perturbadores, transformando-os em agentes de progresso e de renovação, mediante os quais se instalam o equilíbrio, o bem-estar, a saúde, o Reino dos Céus na Terra transitória.

Essa salutar identificação dos valores do *Self*, a perfeita integração nele, constituem uma das bem-aventuranças, aquela que faculta ao homem a felicidade terrena, prelúdio da vida espiritual futura a que está destinado.

10
REINTEGRAÇÃO NA RELIGIOSIDADE

Necessidade da fé religiosa • Apoio terapêutico pela religiosidade • Religião e saúde

O ser humano é um animal essencialmente religioso em razão da sua procedência. Mesmo nos hábitos mais modestos, assim como nos convencionais, encontram-se os atavismos da religiosidade que lhe é inata.

Quando alguém diz: *bom dia!*, ou *durma bem!*, ou *seja feliz!*, etc., imagens arquetípicas predominantes em a sua natureza interna exteriorizam a sua procedência espiritual, o seu sentido religioso existencial, mediante uma formulação rica de desejos saudáveis.

Igualmente, quando pragueja ou recalcitra, amaldiçoando ou blasfemando, repete imagens do mesmo tipo, no sentido oposto, que se lhe encontram no inconsciente pessoal, remanescentes da vigência religiosa que lhe é ancestral e predominante.

Toda a história cultural do ser humano está fundamentada nos mitos, nas crenças, nas heranças pretéritas do processo evolutivo.

Foram essas conquistas, logradas ao longo dos milênios, que facultaram à Cultura e à Civilização a elaboração de uma segura escala de valores morais e espirituais que contribuem para o equilíbrio do ser através das experiências que lhe são lícitas vivenciar ao longo da existência corporal.

Sem o conhecimento desses valores – liberdade, felicidade, amor ao próximo, respeito, responsabilidade, direito à vida, à educação, ao labor, à recreação, para serem citados apenas alguns – o sentido existencial desapareceria, em face da ausência de motivações para a luta pelo trabalho, do esforço para a preservação da saúde, do empenho para a busca da felicidade, do devotamento pela constituição da família, do grupo social...

Esses valores éticos e espirituais estão presentes em todas as religiões e são fundamentais no pensamento filosófico, sempre responsável pela elaboração de respostas para as enigmáticas interrogações sobre o ser em si mesmo, a vida, a morte, a realidade, o destino, as ocorrências felizes e desditosas...

Remontando-se aos recuados períodos do desenvolvimento antropológico, por exemplo, o Paleolítico, pode-se encontrar o homem primitivo de então, tentando expressar o seu medo ou respeito, para ele inexplicáveis forças que se lhe sobrepunham, utilizando-se de cultos bizarros, expressos em gravetos e pedras sinalizados, que eram colocados junto às fogueiras, numa forma muito primária de culto religioso. O arquétipo da fé religiosa já se lhe apresentava como necessidade de sufragar algo que supunha sobrevivente à morte no clã ou fora dele...

Na visão junguiana se afirma que a personalidade humana é constituída pela consciência e tudo quanto ela pode abranger, e pelo interior de amplidão indeterminada, ilimitada da psique inconsciente. Nessa personalidade muito complexa haveria *algo de indelineável e indefinível,* tendo-se em vista que uma grande parte, a que se expressa externamente, possui consciência, podendo ser observada, enquanto que inúmeras ocorrências permanecem informes, inexplicáveis.

Assim raciocinando, pensa-se que há uma fonte geradora desses fatores *desconhecidos* que provêm de uma consciência mais ampla, de uma psique mais bem-elaborada e que se poderia denominar como *intuição*. A palavra pretende significar que o acontecimento não foi previsto, aparecendo inesperadamente, sem uma procedência determinada, como se ele próprio se produzisse.

Essa *intuição*, numa análise religiosa, procederia da Divindade que administra tudo quanto haja criado.

Através dessa reflexão, acreditava Jung no valor de qualquer confissão religiosa, especialmente a Religião Católica, pela autoridade exercida sobre as criaturas, atendendo-as nos seus momentos graves e de conflitos, mediante a absolvição do pecado ou a sua condenação pelo permanecimento nele. De alguma forma, no passado, esse *mito* constituía uma proteção para todos aqueles que se sentiam fragilizados e necessitavam do apoio de algo forte e dominante.

O enfraquecimento moral do clero e a decadência do poder da fé religiosa, de alguma forma deixaram a criatura humana *desprotegida*, e, à medida que surgiram outras confissões, foram gerados mais conflitos do que segurança e apoio.

Atendendo aos seus clientes, Jung, não poucas vezes, buscava informar-se qual era a religião que professavam, recomendando aos católicos que buscassem os seus sacerdotes para se confessar e, comungando, receberem a absolvição, mesmo que através de penitências sempre libertadoras;

quando protestantes, em razão de haverem gerado muitos conflitos e perdido os dogmas e os ritos que se enfraqueceram, a solução seria sugerir maior integração nos postulados evangélicos, que lhes poderiam servir de suporte para se precatarem das amargas experiências imediatas, para as quais não possuíssem resistências.

Superando o conceito de que toda neurose tem suas raízes fincadas na sexualidade infantil reprimida, ou encerra uma insuportável ânsia de ambição e de poder, a proposta, válida, apresenta-se através de uma análise dos outros conteúdos psíquicos no ser incapazes de suportar as referidas experiências imediatas.

Não se pode descartar, no entanto, a hipótese espírita da reencarnação, na análise em tela, a fim de explicar-se a existência de fatores causais – anteriores à concepção – que podem expressar-se por meio da repressão da sexualidade infantil, ou da ambição e do poder, em razão das heranças graves que se encontram hoje no inconsciente pessoal do portador do transtorno neurótico.

Nesse caso, o *Self,* expresso na personalidade humana, possui a *totalidade* dos fatores conscientes observáveis, assim como de todos aqueles que são *indefiníveis* e *indelineáveis.*

O esforço que se deve empreender para o indivíduo conseguir a sua reintegração religiosa é valioso e tem caráter de urgência.

Essa reintegração, bem se vê, não faz pressupor-se uma vinculação a tal ou qual confissão que predomine na consciência geral, mas que melhor atenda aos quadros de valores e necessidades de cada pessoa.

NECESSIDADE DA FÉ RELIGIOSA

A crença religiosa pode expressar-se sob dois aspectos psicológicos: um castrador, proibitivo, gerador de culpa, e outro estimulante, psicoterapêutico, consolador.

No primeiro, apresenta-se como fenômeno de transferência dos conflitos que parecem apaziguar-se mediante a eleição de uma confissão doutrinária que pertence ao indivíduo, portanto tornando-o *melhor* e mais presunçoso do que os demais, em uma falsa autorrealização, por efeito, não raro, de dificuldade de ajustamento e vitória no meio social. Trata-se da *fé cega*, aquela que impõe seus dogmas e conteúdos sem permitir reflexão nem análise, contribuindo para que o adepto se sinta autoconfiante e aparentemente pleno. Os seus conflitos, dessa maneira, não são superados, mas recalcados no inconsciente e espocam em clima de fanatismo que se exterioriza mediante as perseguições de lamentáveis consequências – resultado da insegurança pessoal e da instabilidade emocional.

No segundo, oferecendo oportunidade de reflexões e aprofundamentos numinosos, estabelece parâmetros de segurança através da contribuição dos estudos científicos, que demonstram a realidade dos seus postulados doutrinários. Suportando os desafios experimentais em laboratórios, torna-se racional e lógica, pois que possui um suporte filosófico para explicar as ocorrências morais, sociais, do destino, do sofrimento e as infinitas possibilidades de triunfo em relação ao futuro. Evidentemente, não se trata do triunfo apenas material, mas, conforme acentuou Jesus – que Ele *vencera o mundo* – portanto, de um triunfo interior. Essa ânsia tresvariada e patológica de vencer no mundo econômico, social, político ou sob qualquer aspecto material em que se apresente, gera conflito, porque desenvolve a ansiedade mórbida. A vitória, porém, sobre o mundo das paixões, das disputas perturbadoras, eis a proposta psicoterapêutica da fé religiosa, que faculta a compreensão das ocorrências negativas, ensejando resignação ante aquelas que não sejam as esperadas, as agradáveis, mas que, bem compreendidas, podem ser dinamicamente transformadas em recursos de harmonia e de bem-estar.

São muitos os conflitos e transtornos psicológicos desencadeados pela fé religiosa totalitária, excessivamente dogmática, imperiosa, por inibir os valores da personalidade e bloquear o discernimento da psique. No entanto, tendo-se em vista os diferentes níveis de consciência em que transitam as pessoas, algumas que ainda se detêm na *consciência de sono*, impossibilitadas psicologicamente de altos voos de discernimento e de identificação, submetem-se pelo medo à boa conduta, aos valores impostos, retendo os impulsos primitivos que, sem esse controle arbitrário, as levaria a situações deploráveis, qual ocorre amiúde com aqueles que se encontram divorciados desses procedimentos religiosos.

Com tendência inata a temerem para acreditar, em vez de crerem por amar, essas criaturas operam interiormente uma transformação moral para melhor, evitando os vícios turbulentos, tendo como suporte a fé fanática, e nela sentindo-se saudáveis e realizadas até o tempo em que dura essa aceitação, podendo ocorrer-lhes a morte durante esse comportamento, morte, aliás, que aceitam sem pânico ou ansiedade. Esses *fiéis* são mais resistentes aos transtornos depressivos que conduzem ao suicídio, porque apoiam-se na crença da imortalidade, esperando a consumpção natural àquela provocada pelo gesto insano. Em sentido oposto, as pessoas que não se firmam em expressão religiosa alguma, quando surpreendidas pelos fenômenos psicopatológicos ou pelos desastres morais, sociais, econômicos, que, às vezes, os desencadeiam, possuem menos estrutura emocional, atirando-se, desesperadas, no fosso profundo da autodestruição. Nesse, como em outros fenômenos humanos, sempre ocorrem exceções que, dessa forma, confirmam a regra geral.

A fé religiosa segura, resultado da experiência pessoal com a transcendência, faculta uma perfeita integração do *ego* com o *Self*, auxiliando-o no deciframento de muitas incógnitas íntimas, que desaparecem, eliminando possíveis fatores de insegurança emocional. Esse encontro com a transcendência pode ser denominado como experiência mística, aquela que dilata os horizontes do psiquismo na direção de outras realidades não palpáveis, no entanto, existentes e vibrantes no Universo.

Na análise entre o dogma religioso e o fato científico, não poucas vezes se tem afirmado que o primeiro, porque impõe e abrange a totalidade, e sendo *irracional*, porque afirma e reproduz a existência psíquica, possui mais poder psicológico sobre o indivíduo do que a ocorrência racional que produziu a teoria em que se expressa. Nesse dogma estariam todos os arquétipos ancestrais das experiências da *gnose* exteriorizada nas variadas revelações espirituais de todos os tempos. E esse fenômeno encontra-se no âmago de todas as religiões do passado e do presente. Isto, porque os fenômenos despertaram o ser humano antes que ele se desse conta da sua possibilidade: sonhos, aparições, desdobramentos da personalidade e *viagens astrais*, transes espontâneos que sempre aconteceram na história da Humanidade...

Essas ocorrências sucederam mesmo sem a compreensão daqueles por quem se expressavam.

O dogma religioso teria o conteúdo genérico de todas as experiências da psique, enquanto que a teoria e o fato científico abrangeriam somente os painéis da consciência, variando, muitas vezes, ou sendo substituídos por outros de mais recente conquista. Procedente do inconsciente, das suas imagens arquetípicas, o dogma religioso pode abordar abstrações que impõem *punições* à culpa e a liberam através de sacrifícios, mortificações, penitências, que são dramatizados, resultando em processos psicoterapêuticos valiosos.

Apesar do sentido positivo do dogma das religiões em determinadas circunstâncias, não se pode negar a excelência da fé religiosa racional, que enfrenta a culpa de forma positiva, analisando a *dramatização do pecado* e possuindo os instrumentos específicos para a *redenção* através da *reparação* do mal que se haja praticado pelo bem que se pode realizar.

A análise racional do erro e do *pecado*, do *escândalo* e do crime cometidos, enseja a consciência da desnecessidade do sofrimento como mecanismo de libertação, oferecendo, em contrapartida, a ação benfazeja, dignificadora, que levanta a vítima e apazigua o algoz, que reorganiza os valores desrespeitados e equilibra o grupo social, facultando bem-estar naquele que temia e agora ama, que se atormentava e ora se acalma.

A união, portanto, positiva, de alguns *dogmas,* tais a existência de Deus, a realidade do ser imortal, a reencarnação, que se impõe como processo de evolução, quando confirmados pela experiência racional da investigação científica, constatando-se essa sobrevivência do Espírito mediante a sua comunicação intelectual e física – objetiva e subjetiva– contribui com maior eficiência para que a fé religiosa se expresse de forma terapêutica e saudável, não gerando novos conflitos nem evitando comportamentos que seriam proibidos e deixam de ser vivenciados apenas pelo bom motivo de saber-se os danos que causam.

A fé religiosa, em sua necessidade de harmonização do ser humano, é uma experiência pessoal e intransferível, que pode ser despertada por outrem, todavia tem que ser vivenciada pelo indivíduo.

Apoio terapêutico pela religiosidade

O homem que crê tem muito mais possibilidades, nos vários compromissos existenciais, do que aquele que vive atormentado pela dúvida ou que simplesmente não crê.

Quando alguém enfrenta uma batalha sem a certeza da vitória, de alguma forma já perdeu uma grande percentagem de probabilidades para triunfar. Os próprios conflitos perturbam-no e o impedem de discernir com clareza, bem como de agir com segurança.

Um dos fatores de desequilíbrio do comportamento é a tensão, resultado da ansiedade mal controlada. Nesse estado de tensão, o indivíduo pode ser acometido pelo medo e tornar-se perigoso para si mesmo, assim como em relação aos outros. Há nele uma perda do sentido da autocrítica e, dessa forma, torna-se incapaz de compreender psicologicamente a situação em que se encontra. Algumas vezes, percebe inconscientemente a presença de forças perturbadoras e conflitos – expressões de má consciência – que o podem levar a situações graves e atitudes criminosas.

A fé religiosa, a católica, por exemplo, pode auxiliá-lo, em razão da confissão, que lhe descarrega a tensão, e da absolvição que o sacerdote lhe oferece e o sacramento eucarístico lhe propicia, tranquilizando-o.

Cabe, porém, ao indivíduo, não obstante esse apoio religioso, buscar a sua vida imediata, sua própria experiência de vida, eliminando as exigências das tradições, expressando-se em sonhos pessoais, únicos, não repetidos por outrem, mesmo que seja portador de problemas semelhantes. Isto porque, quando esses sonhos repetem-se mais ou menos idênticos, procedem dos *arquétipos* que expressam temas coletivos que se encontram no inconsciente geral, como heranças das culturas, das crenças e das aspirações ancestrais.

As tendências primárias e as heranças da violência passada, que permanecem na estrutura psíquica do ser humano, é que o levam aos atos de hediondez e de perversidade que se vêm repetindo através da História, em razão também de haverem sido praticados por ele mesmo, nos processos das reencarnações passadas.

A presença da religião no seu mundo íntimo, que o ampara e estimula ao Bem e à sua prática, produz-lhe um efeito terapêutico superior, por ensejar-lhe possibilidades de reconstrução do que foi destruído e de renovação pessoal ante a vida. Não se pode ignorar que, por outro lado, o maior número de guerras que sofreu a Humanidade teve origem nas paixões religiosas ínsitas em personalidades psicopatas, que se deixavam conduzir pelo fanatismo, tornando-se perversas, em consequência da insegurança pessoal e dos distúrbios interiores em que estorcegavam.

Conduzindo o seu passado nele mesmo – herança das experiências transatas e dos processos da evolução – somente através do esforço e da luta íntima renhida é que se pode libertar dos atavismos primitivos e das experiências degradantes a que se vinculou anteriormente. Quando, porém, como efeito danoso desses comportamentos, já se lhe instalou o transtorno neurótico e a *sombra densa* predomina na sua conduta, a Religião ainda pode oferecer-lhe recursos saudáveis para que a personalidade – lúcida e consciente – e a *sombra* possam marchar juntas, convivendo sem atritos nem imposições de uma sobre a outra.

A Religião propicia a distinção moral entre o bem e o mal, propelindo o crente para o primeiro, no qual há uma *recompensa* afetiva, espiritual, que proporciona alegria de viver.

Em uma análise profunda dessa dualidade, no entanto, ao infinito, ocorre uma fusão de ambos os conteúdos, porque o mal transitório conduz à aprendizagem para o bem permanente, e todos os homens e mulheres passam pelas experiências amargas e perturbadoras, a fim de fixarem os estímulos positivos, aqueles que não geram culpa nem desarticulam os painéis da consciência, que prevalecerão triunfantes.

Uma religião que concilie o *dogma* com a razão poderá oferecer uma instrumentação psicológica muito segura para esse apaziguamento da *sombra* no desiderato da união com a personalidade consciente, retirando-lhe o conteúdo vulgar, primitivo, portador de *malignidade*.

Infelizmente, o ser humano vem perdendo o contato com a terra, com a fraternidade, em face dos conflitos de opiniões, das imposições do intelecto sobre o sentimento, da robotização que transforma o ser humano em máquina, a repetir atividades que lhe destroem a capacidade de criar, de enriquecer-se de novos valores espirituais.

Isso resulta do prejuízo experimentado pelas religiões que vêm perdendo o contato com os fiéis, algumas mais interessadas no número, nas massas rendosas, que oferecem proventos materiais e edificam santuários cada vez mais extravagantes, que anestesiam as necessidades profundas da emoção com falsos milagres de ocasião, deixando os crentes mais aturdidos e desesperados, quando despertam posteriormente.

Continuam recebendo as multidões, porém, constituídas por pessoas vazias de harmonia e de sentimentos solidários. Outras, preocupadas com a política terrestre, especialmente em relação à preservação dos tesouros e posses acumulados, não dispõem de conselheiros e pastores suficientes para os indivíduos que necessitam de atenção pessoal, fugindo, ao se sentirem órfãos da *Mãe espiritual* para as *madrastas* viciações, que são as dependências químicas e alcoólicas, sexuais e brutalizantes, que pensam substituirão a tranquilidade que perderam.

Não se poderão impor a essas criaturas leis que as tornem melhores e mais harmônicas, porque se tratam de conquistas interiores, pessoais e intransferíveis, somente possíveis quando cada qual opere a sua transformação interior para melhor.

É necessário que a proposta religiosa se expresse no trabalho em favor do homem lúcido, em vez da repressão daquele ser inferior que nele vige, ajudando-o a melhorar-se, a cooperar, evitando que se rebele e o agrida. Não será através do corte da cabeça que se poderá eliminar a dor que dela procede... Também não será por métodos castradores, proibitivos, inibidores, que se atenderão aos transtornos neuróticos, mas exatamente de forma diferente, isto é, buscando-se as raízes de onde procedem para erradicá-las sem violência, mediante a identificação e superação das suas mensagens.

Nessa operação, torna-se inadiável a contribuição da *imaginação ativa*, método superior para tornar os conteúdos inconscientes perfeitamente conscientes, conquistando-os, para que eles se harmonizem com o *ego*.

Pode-se estabelecer que a união do ser humano com Deus, no Cristianismo, está representada por Cristo e pela Sua cruz, o amor e o sacrifício, que avançam juntos, abrindo espaços emocionais para compreender-se a própria natureza, suas necessidades e exigências, trabalhando-as com paciência e resignação, ao mesmo tempo ascendendo emocional e espiritualmente em viagem segura dos vícios e dependências perturbadores para outros patamares de satisfação e de bem-estar, sem culpa nem ansiedade, ante a certeza de se estar avançando com segurança para o encontro com a plenitude, com o Reino dos Céus.

Esse esforço propiciado pela Religião conduz ao Si-mesmo consciente das suas responsabilidades, a uma introspeção, evitando projetar a própria *sombra*, o que faculta assumir os resultados dos seus empreendimentos e condutas, não transferindo as consequências para os outros, e descobrindo-se membro atuante do mundo, no qual tudo tem um significado igualmente íntimo.

O que acontece fora tem a ver com o que se passa no íntimo do indivíduo. Assim, iluminando-se a *sombra*, obter-se-á como resultado uma grande contribuição em favor do grupo social, do mundo em geral.

Essa aquisição de consciência do Si constitui uma vitória muito grande para a sociedade, em razão das projeções recíprocas que povoam o universo dos grupos sociais, que não assumem os valores reais que os constituem, fugindo através de mecanismos sombrios que os escondem por momentos, mas não os retêm por largo tempo.

Essa função religiosa – a da conscientização espiritual do *Self* – torna-se de excelente resultado terapêutico, auxiliando o ser humano a crescer e desenvolver o seu *Deus interno*, a princípio viajando em sua direção, internalizando-se, para depois exteriorizar-se e projetá-lo na direção do mundo onde vive.

A consciência religiosa espiritista, a que decorre de uma visão profunda do ser, do seu destino, das possibilidades infinitas que possui e deve utilizar na construção da sua realidade maior, enseja essa terapia preventiva aos transtornos neuróticos, ao mesmo tempo ajudando a curá-los, quando instalados, mediante a compreensão do que cada um pode e deve fazer por si mesmo na atual trajetória reencarnacionista.

Religião e saúde

A adoção de uma conduta religiosa que trabalhe o indivíduo, nele edificando valores de dignificação e de bem-estar, é valioso contributo psicológico para a sua saúde.

Freud informava que a Religião é, por si mesma, *uma neurose compulsiva*. Certamente a tese não pode ser generalizada, pois Jung, por sua vez, reconheceu a sua necessidade para um bom e saudável equilíbrio psicológico, antineurotizante, desde que constitua estímulo para o prosseguimento das lutas e para o trabalho de renovação interior do indivíduo.

O mesmo ocorre com a Ciência, que algumas personalidades podem utilizar-se de forma dogmática, facultando-se intolerância e fuga compulsiva em torno das incertezas que a existência proporciona.

Há uma necessidade de o indivíduo segurar-se em algo que o poupe da ansiedade, do medo, e a fé na Ciência, em face do seu conteúdo racional, pode tornar-se neurótica e compulsiva. Nem todos, porém, assim procedem, havendo a diferença entre os comportamentos saudáveis e os neuróticos.

É necessário examinar se a Religião mantém o indivíduo infantilizado, dependente dos seus postulados e receoso das lutas que deve travar, a fim de adquirir a sua maturidade psicológica, ou se tem um caráter libertador. Na segunda hipótese, os seus paradigmas e teses devem contribuir para a sua autoaceitação, para o reconhecimento dos próprios limites, contribuindo para que possa desenvolver todos os valores que lhe dormem latentes, especialmente ampliando-lhe a capacidade de amar ao seu próximo, a Natureza, a vida e a si mesmo...

A Religião não pode servir de fuga psicológica para o indivíduo poupar-se ao enfrentamento dos seus conflitos, dos processos de libertação do sofrimento, que pode ser modificado mediante a coragem de defrontá-los e trabalhá-los corajosamente com os instrumentos da realidade.

O amor a Deus deverá ser uma manifestação natural que emerge do *Self* e vitaliza o ser total, sem a preocupação de ser amado por Deus, o que pareceria um paradoxo, caso não o fosse amado, quer n'Ele se acredite ou não.

Nessa constatação, nesse emergir do inconsciente profundo pessoal, a *imagem de Deus todo Amor,* porque saudável, elimina a necessidade masoquista do martírio, do sacrifício, do sofrimento, como, às vezes, demonstra-se para os outros, que somente se justificam quando as situações impõem o testemunho de fé, isto é, a perfeita coerência entre aquilo em que crê e expressa, e as defecções que lhe são impostas, tornando-se alguém decidido e sem medo ante essas conjunturas, sendo fiel ao comportamento íntimo e externo que adota.

Quando a Religião liberta do medo e da ansiedade, quando proporciona a coragem natural para o autoenfrentamento, torna-se terapêutica e geradora de saúde.

O homem livre busca Deus exatamente porque se encontra em liberdade, e deve avaliar se pode ser conceituado como um *Espírito, Energia Suprema* ou como um *Fenômeno da Natureza,* que se lhe torna uma necessidade compulsiva como ocorre com a dependência do álcool ou de outras substâncias químicas...

Feita essa avaliação, e constatando-se que não se trata de um epifenômeno de procedência neurótica, mas de uma realidade na qual se acredita sem qualquer conflito, estabelece-se um vínculo emocional, religando-o a Deus e passando a amá-lO com espontaneidade.

A Religião, pelo seu sentido de condução ao infinito das origens, no passado, e pela proposta de incomensurável, em relação ao futuro, proporciona experiências de autoidentificação, que se pode considerar como uma verdadeira graça dessa Divindade.

Obviamente, a vinculação do ser a uma doutrina religiosa não o deve conduzir a qualquer manifestação de fanatismo, que representa o seu conflito projetado para o exterior, em face da insegurança e do medo do enfrentamento do Si-mesmo.

Através da Religião, o homem aprofunda reflexões e mergulha no seu inconsciente, fazendo que ressumem angústias e incertezas, animosidades e tormentos que podem ser enfrentados à luz da proposta da fé, e que são lentamente diluídos, portanto, eliminados, a serviço do bem-estar pessoal, que se instala lentamente, tornando-o cada vez mais livre e, portanto, mais feliz.

A instalação da fé *dogmática* – seus fundamentos essenciais –, mas racional, porque enfrenta os desafios com tranquilidade, abre espaço ao livre-arbítrio que, do ponto de vista psicológico, nem sempre é realmente livre, em face dos fatores emocionais e orgânicos que influenciam as decisões e as escolhas, os comportamentos e as observações de que se é objeto, variando, portanto, de acordo com as circunstâncias e os níveis de consciência nos quais cada um estagia.

Graças à opção religiosa, sem o abandono dos admiráveis suportes psicológicos e psicoterapêuticos, o binômio saúde/doença modifica-se para uma estrutura unitária, que é a saúde, na qual ocorrências transitórias de mal-estar, de enfermidade de qualquer natureza, não afetam o estado normal de equilíbrio e de harmonia psicológica.

11
A INDIVIDUAÇÃO

O SER HUMANO E O SELF • A SAÚDE INTEGRAL
• O NUMINOSO

Genericamente, individuação é o processo que tem por objeto individuar, isto é, apresentar e definir qualquer expressão individual.

A Filosofia antiga, através dos seus mais nobres luminares, tentou encontrar respostas próprias para a individuação. Platão e Aristóteles particularmente, estabeleceram-na *como a conquista da importância das questões relativas à articulação da realidade em consonância com os mecanismos desencadeadores das ideias e dos conceitos.* Posteriormente, ficou estabelecido que poderia ser encontrada na relação que existe entre os diversos gêneros e espécies, como também na mesma relação entre cada um e a matéria.

Diversas correntes apareceram mais tarde entre os escolásticos, por exemplo, os *nominalistas extremos,* que consideravam a necessidade de uma ideia vinculada à coisa, pois que, deixando de existir qualquer forma de *realidade determinada,* a questão deixava também de ter um caráter de individualidade, tornando-se universal, não podendo ser compreendida mediante convenções e existindo apenas na mente. Já o *tomismo* centralizava-a na matéria, em face da constituição das substâncias criadas sensíveis, desde que as formas independentes possuem o princípio da individuação, o que equivale dizer que podem ser simultaneamente espécie e individualidade. Com muita perspicácia, porém, São Tomás de Aquino foi mais profundo, procurando demonstrar que *esse princípio encontra-se não apenas na matéria, mas é aquela que se encontra em certas dimensões.* Posteriormente, Locke estabeleceu que *o princípio da individuação é a própria existência.* Não ficaram, porém, aí, as elucidações filosóficas, prosseguindo através de outros pensadores como Schopenhauer, Leibniz, Spinoza... Por fim, o princípio da individuação pretende elucidar que cada indivíduo é diferente dos demais.

Toda a trajetória existencial humana tem por finalidade a conquista da individuação, que ainda, do ponto de vista filosófico, pode ser considerada como o processo através de cujo princípio pode-se diferenciar o individual do universal, conseguindo esse uma identidade própria.

Sob o ângulo psicológico, o princípio da individuação enseja o desenvolvimento de uma pessoa para conquistar a sua realidade própria com as suas características e autônoma sob os vários aspectos considerados.

O eminente Dr. Carl Gustav Jung considera, no entanto, a *individuação,* como *todo um processo intrapsíquico duradouro e autônomo, através do qual a psique consciente assimila os conteúdos que permaneciam inconscientes na imensa área do inconsciente pessoal e coletivo.* É o momento da conquista da consciência, do discernimento claro, da conscientização do Si-mesmo. Esse processo pode dar-se naturalmente ou através de cuidadosa psicoterapia.

Graças a essa conquista é possível separar a personalidade individual do coletivo, ao tempo em que se adquire consciência de responsabilidade social e humana pelo coletivo.

Esse processo é longo e não se dá de um para outro momento. Ainda, segundo o mestre de Zurique, a primeira fase da existência humana é dedicada ao desenvolvimento e à formação do Eu. Posteriormente, a partir dos quarenta anos, tem início o crescimento que conduz o ser à conquista de um Si-mesmo psíquico integrado. Isto não equivale dizer que muitos indivíduos não consigam a sua realização, que ocorreria somente após a referida idade. Sucede porém, que na maturidade, quando os conteúdos psíquicos encontram-se com mais harmonia em razão das conquistas psicológicas de toda a trajetória vivenciada, o autoencontro torna-se mais fácil. Casos há, no entanto, em que os distúrbios, por sua vez, malconduzidos durante toda a existência, nessa fase etária acentuam-se, desencadeando transtornos graves, ainda mais porque se iniciam, mais ou menos, nesse período, as primeiras mudanças orgânicas que respondem pela andropausa e pela menopausa, com as suas variantes que dizem respeito à idade cronológica.

A busca da *individuação* constitui o grande desafio existencial, especialmente para aqueles que conduzem as pesadas cargas procedentes das reencarnações passadas, que desencadeiam conflitos e tormentos que necessitam de conveniente psicoterapia, a fim de serem superados, já que esses fatores ultrapassam os conhecidos conteúdos responsáveis pelos transtornos neuróticos e psicóticos. No Espírito, portanto, jazem as causas profundas do desequilíbrio que deve ser revertido durante o processo libertador pela *individuação*.

O ser humano e o Self

O nobre Maslow estabeleceu uma *hierarquia de necessidades*, através de cuja escala, aquelas de natureza fisiológica mais primárias estariam em baixo, enquanto que aqueloutras, que dizem respeito à segurança, à realização do amor e do bem se encontrariam acima, culminando na mais elevada, a que diz respeito à realização pessoal, que se estabelece quase no ápice da sua pirâmide, que representa as diversas necessidades humanas.

Isto porque, segundo ele mesmo, muitos estudiosos da Psicanálise como do Behaviorismo veem as criaturas desenvolvendo um grande esforço, a fim de se libertarem das tensões ou para compensarem quaisquer faltas que lhes chamem a atenção. Seria uma forma de comportamento pessimista, ao mesmo tempo negativista inerente à constituição humana. Assim sendo, as pessoas teriam que renunciar a algo, a fim de terem paz e não propriamente de lutarem por conseguir o que pretendem. Representaria um comportamento no qual se trabalharia para se verem livres da dor, da fome, do desespero, das exigências do sexo...

Assim, Maslow designou essas como *necessidades deficitárias*, nas quais subjaz a busca da realização social, de prazer, de promoção na comunidade. Dever-se-ia conseguir as coisas pelo que elas mesmas significam, pelo bem-estar que produzem, pelo sentido de estimulação que proporcionam, como os esportes, as viagens, as leituras edificantes, os intercâmbios espirituais e emocionais, constituindo experiências enriquecedoras pelos seus conteúdos intrínsecos. Nisso haveria diferença entre os seres humanos e os animais outros, em razão desses últimos buscarem a satisfação somente através da eliminação da fome, da descarga sexual, jamais através de outros valores que são próprios do ser pensante.

É óbvio que a presença da dor de qualquer matiz atormenta e dificulta que alguém possa fruir o bem-estar que decorre da estesia, da beleza, da arte, das ações enobrecedoras...

Na visão do nobre estudioso, as pessoas somente se interessariam pelas conquistas das necessidades mais elevadas após terem as baixas, as fisiológicas, satisfeitas. Trata-se de uma conclusão bastante lógica, todavia, nem todas as criaturas estão incursas na observação perspicaz, porque muitos artistas, cientistas, estetas, místicos, procuram entregar-se aos objetivos que perseguem, mesmo quando experimentando necessidades, como a fome, a dor, a perseguição gratuita, etc.

A realização pessoal, nessa pirâmide de Maslow, é a penúltima conquista, como a necessidade que precede às experiências-limite. No entanto, essas experiências-limite somente se fazem possíveis, após a realização pessoal e quando todas as demais encontrarem-se atendidas, especialmente aquelas, as mais baixas – fome, sede, dor, segurança, apoio – estiverem resolvidas.

O *Self*, na concepção humanista, é igualmente muito importante, exatamente por proporcionar uma experiência subjetiva, que pode ser interpretada pelo que se sente e se anela neste momento e onde se encontra. Segundo essa conceituação, o Si-próprio desenvolve-se na primeira infância e prossegue envolvendo o sentido de Si mesmo do indivíduo, o que lhe constitui o Eu, como a força que o propele para a tomada ou não de decisões e de comportamentos que lhe constituem os desafios existenciais. Igualmente assume o conteúdo do Si próprio desse indivíduo como uma espécie de objeto, o *mim*, que é identificado e desperta a afeição ou a repulsa, que é percebido, e aceito ou recusado.

Foi Rogers quem estabeleceu que o mais relevante objetivo para a conquista da saúde mental é a realização pessoal do Si próprio. Para essa aquisição, deve a criança, desde cedo, mediante a educação no lar, receber uma atenção cuidadosa, incondicional, para que se sinta aceita sem qualquer reserva. Como nem sempre será possível concordar com tudo quanto a criança faz, crê Rogers que sempre haverá uma condicional, uma *negociação*, embora inconsciente entre os pais e ela, quando aqueles propõem determinadas condições para o amor, como a criança ser bem procedida, estudiosa, asseada, obediente, o que suprimiria na mesma alguns componentes do Si próprio, a fim de ser bem recebida, o que a levaria a determinados comportamentos confusos e sentimentos de aflição, por não poder identificar o seu valor real.

Inegavelmente, o ser humano é o *Self*, que lhe sintetiza todos os valores, como resultado de um largo processo evolutivo, no qual se daria uma unidade entre o consciente e o inconsciente. Ele é o regulador da totalidade, síntese de todas as aspirações e aspectos da personalidade, expressando-se de forma equilibrada no relacionamento com as demais criaturas e com o meio ambiente no qual se vive.

A busca da perfeita integração da consciência com a inconsciência para a mais elevada expressão do *Self* constitui o desafio da existência humana, na sua marcha ascensional mediante o inevitável processo antropossociopsicológico.

As dificuldades e os impedimentos, os tormentos e as perturbações, os transtornos e os limites normais que caracterizam o ser, lentamente são trabalhados e corrigidas as imperfeições de forma que se possa alcançar a meta.

A *Psicologia Profunda,* assim como a humanista e a transpessoal, facultando percepções para a visão espiritual inerente à criatura terrestre, propiciam-lhe o autoexame, o *conhece-te a ti mesmo,* de modo que sejam desmascarados os artifícios do instinto e estabelecidos os princípios ético-morais da razão, auxiliando a conquista de todos os tesouros que lhe jazem adormecidos.

Nesse largo processo de evolução e de aprimoramento, a reencarnação enseja a lapidação das mazelas, burilando os sentimentos, desenvolvendo as emoções que passam a comandar as sensações e libertar das sombras tormentosas, impulsionando o ser para a conquista do *numinoso, do samadhi, do Reino dos Céus...*

A SAÚDE INTEGRAL

Considerado o ser humano um conjunto de elementos que se aglutinam para tornar-se uma realidade no campo da forma, é constituído, conforme já referido, *pelo princípio inteligente do Universo* ou Espírito, por *uma espécie de envoltório semimaterial* ou perispírito e pela matéria ou corpo somático.

Procedentes do Espírito todos os impulsos, esse é o agente dos sentimentos e do pensamento que se ampliam à medida que são aplicados nas realizações-desafio das diferentes existências planetárias. Sendo o ser por excelência, é formado por energia especial dotada de inteligência, na condição de herdeiro de Deus, e que, desde quando criado, avança sem cessar no rumo do infinito que o aguarda até alcançar a plenitude que lhe está reservada.

O perispírito que o reveste é o órgão no qual se insculpem as realizações que lhe procedem da essência, encarregando-se de modelar as futuras formas orgânicas e emocionais de acordo com os atos praticados no transcurso das existências da evolução.

O corpo é o envoltório mais denso e, possivelmente mais grosseiro, que expressa os conteúdos profundos que procedem da Energia pensante que lhe impõe, através do *corpo intermediário*, os mecanismos próprios para a aprendizagem e a reparação dos equívocos cometidos nos diversos experimentos a que vai submetido.

Por consequência, o ser humano é todo um complexo de elementos que se interdependem e se interligam, no entanto, colocado num contexto do qual não se pode evadir.

Preexistente ao berço carnal e sobrevivente à disjunção molecular, o Espírito é o agente da vida nos diferentes aspectos sob os quais se apresente.

Herdeiro de todas as realizações, seus pensamentos, palavras e atos programam os acontecimentos que o capacitarão para a vitória sobre o primarismo em que se apresenta nos primeiros cometimentos da evolução, tornando-se cada vez mais portador do conhecimento divino que nele jaz e das possibilidades superiores que igualmente se lhe encontram latentes.

A visão desse ser integral, não apenas da forma que sofre contínuas transformações, confere-lhe incontáveis oportunidades de aprimoramento que acena a felicidade possível de ser alcançada.

À medida que desenvolve os valores espirituais e morais que o exornam pela procedência divina, promove o progresso da Terra e da sociedade que compõe, facultando-se novos e admiráveis eventos propiciadores de avanços mais significativos, porque as conquistas enobrecedoras, na ciência, na arte, no pensamento, sempre se multiplicam por si mesmas, não seguindo a horizontal dos processos mecânicos e automáticos. A cada novo desempenho, mais se ampliam os recursos que facultam avanços mais expressivos, impulsionando-o sempre para adiante.

Enquanto se demora nas faixas mais primevas, a marcha se faz lenta, porque são muitos os impedimentos a vencer. No entanto, quando desabrocha a razão e se desenvolvem os painéis da consciência, com maior celeridade os acontecimentos têm curso e os avanços se tornam muito mais significativos. Há, por isso mesmo, um incessante enriquecimento de valores que tornam a existência digna e bela.

Apesar disso, a obstinação nos *instintos primários,* quando a razão e o sentimento se desenvolvem, ficando subjugados pelas paixões, atos vergonhosos de crueldade e de insensatez são realizados, gerando consequências que se transferem de uma para outra existência, em razão de a vida ser apenas uma, quer se esteja no corpo somático ou fora dele.

A Lei de Causa e Efeito, que é Lei da Natureza, imprime os seus códigos em nome da Divina Justiça e a criatura sofre os efeitos malsãos dos seus impulsos não controlados, das suas ações infelizes, da sua persistente rebeldia em não aceitar os convites superiores da ordem e do dever.

Graças a essa Lei, cada qual faz de si o que lhe apraz, com direito a realizar o que lhe pareça próprio, espontaneamente, porém retornando pelo mesmo caminho para recolher a desditosa sementeira, quando forem maus os seus atos, ou coletar as flores e frutos de alegria, quando os produzirem mediante o adubo do amor.

Dessa maneira, os distúrbios de toda procedência – sejam orgânicos, emocionais, mentais – e as ocorrências se apresentem como felicidade ou desdita, alegria ou tristeza, famílias cruéis ou ditosas, afetividade compreendida ou rejeitada, infortúnios ou bênçãos resultam das próprias realizações do ser eterno que se é, não havendo lugar para as fugas espetaculares que se pretendam, escapando-se aos resultados das opções anteriores.

Mediante um contingente de provações ou novas experiências sob o talante dos sofrimentos, porém, com excelentes possibilidades de recuperação, ou através das expiações que encarceram os calcetas nos limites impostos ao corpo ferido pelos dardos perversos dos atos transatos, o Espírito cresce e desenvolve os seus potenciais, porque é irreversível a Lei de Evolução.

Eis por que o binômio saúde/doença faz parte dos mais intricados processos de ação espiritual do ser, apresentando-se como medida de coerção, de corrigenda ou concessão de alegria, de compensação, de realização feliz.

Habitando hoje um corpo geneticamente bem modelado, utilizando-se de um cérebro rico de possibilidades ainda não utilizadas, nem sequer numa terça parte, o Espírito dispõe de instrumentos de incomparável potencial para expressar-se na Terra e crescer na direção de Deus.

A concepção do cérebro triúno, como efeito natural do próprio desenvolvimento do agente de utilização dos seus inimagináveis recursos, atende às necessidades da evolução do Espírito, que poderá recorrer aos seus intrincados mecanismos de delicadíssima tessitura para alcançar os patamares mais elevados da felicidade.

A saúde, portanto, integral, somente será possível, quando o Espírito desvestir-se da inferioridade que ainda o retém nas torpes paixões e nos interesses meramente materiais, sutilizando as suas aspirações e trabalhando os *metais preciosos* dos sentimentos para permanecer em harmonia com as vibrações cósmicas que a tudo envolvem numa Sinfonia de excelsa beleza.

Através das construções mentais saudáveis, das ações corretas e das transformações morais necessárias, o ser, etapa a etapa, vai-se libertando das injunções penosas, experimentando os sofrimentos que haja instalado em si mesmo, e utilizando dos inestimáveis recursos médicos e psicoterapêuticos, conseguirá recuperar-se dos distúrbios afligentes, enquanto gera novos fatores que trabalharão pela sua paz e alegria de viver.

A saúde integral encontra-se, pois, ao alcance de quantos desejem sinceramente autovencer-se, seguindo os procedimentos morais e espirituais que a vida oferece, e toda vez que se engane e se perturbe, recorrendo aos métodos das ciências correspondentes, que são recursos oferecidos pelo Criador, que *não deseja a morte do pecador, mas sim a do pecado*, isto é, que sempre ampara aquele que erra, nele trabalhando a correção do fator de perturbação e de insânia de que se faça instrumento.

Nesse comenos, a vinculação religiosa dignificante constitui mecanismo de amparo à saúde, porque enriquece de emoções superiores os arcanos do ser, trabalhando-lhe o perispírito para que transfira para os painéis do corpo, da emoção e da mente, a música sublime do amor que tudo inunda e mantém.

O NUMINOSO

O nobre Jung encontrou no livro *A ideia do Sagrado*, do emérito teólogo alemão Rudolf Otto, a palavra *numinoso*, que lhe pareceu muito apropriada para traduzir a força *espiritual*, misteriosa, profética, que enseja qualquer experiência transpessoal ou imediata com a transcendência.

Originada do latim *numen*, significa gênio criativo ou energia, o *numinoso* se expressa em manifestação do inconsciente coletivo, que pode ser aterrador, provedor, abstrato, estimulante, que se caracteriza como uma realidade que é mais do que humana.

Ao ser encontrado o *Self* em plenitude, a pessoa experimenta a qualidade numinosa que está associada indelevelmente ao sagrado, à Divindade. Essa experiência de caráter *numinoso* não pode ser transferida nem explicada a outrem que não a tenha vivido, porque faltam meios para expô-la e demonstrá-la, da mesma forma como se alguém desejasse expressar determinados sentimentos a outrem que jamais os haja experimentado. É individual, intransferível e enriquecedora.

O *Self* não vive encarcerado nos limites da moralidade, sendo diferentes os seus atributos em relação aos daqueles que as pessoas vivenciam. Essa característica aparentemente amoral do *Self* nem sempre é percebida ou compreendida por diversos indivíduos que pretendem um encontro com o *Self Superior*, com o Espírito Guia, não sendo tão fácil o cometimento como a ignorância pressupõe. Encontros de tal natureza se revestem de grande choque emocional, momentaneamente indescritíveis, inesperados, incompreensíveis. Somente quando são superadas as muitas barreiras colocadas pelo *ego* e trabalhados os conflitos é que o *Self* adquire o seu conteúdo *numinoso,* que se exterioriza do *deus interno* que se encontra em todos os seres humanos.

Assim, considerando-se o *cérebro triúno,* de Paul MacLean, nele encontramos toda a história antropológica do ser, desde os primórdios inscritos na presença do *cérebro réptil,* passando pelo *mamífero* e alcançando o *neocórtex* onde permanecem valiosas possibilidades ainda não identificadas de todo. O *Self* é, portanto, herdeiro de todo esse patrimônio conseguido através das centenas de milhões de anos. Para ser penetrado na sua grandeza e totalidade é necessário que se mergulhe o *olhar* para dentro de si mesmo, a fim de se poder identificar, com o *numinoso,* a grande meta para as experiências transpessoais.

Nesse capítulo, há lugar para as ocorrências paranormais, para os fenômenos mediúnicos e todos os estados místicos, mesmo que nem sempre se ajustem aos parâmetros psicológicos vigentes, pela maneira como se expressam rompendo os padrões convencionais até então elaborados para a compreensão da psique.

A experiência do *numinoso* estimula ao avanço do ser e à superação dos limites do *ego,* auxiliando a criatura ao triunfo pessoal sobre si mesma, sobre suas deficiências e dificuldades, desfrutando de felicidade.

O próprio Jung reconheceu que: *"O homem não muda, na morte, em sua parte imortal; ele é mortal e imortal ainda em vida, pois é tanto ego como Self."*

Anotações

Anotações

Este livro foi impresso na
LIS GRÁFICA E EDITORA LTDA.
Rua Felicio Antônio Alves, 370 – Bonsucesso
CEP 07175-450 – Guarulhos – SP
Fone: (11) 3382-0777 – Fax: (11) 3382-0778
lisgrafica@lisgrafica.com.br – www.lisgrafica.com.br